LES VRAIS·

PRINCIPES

DE LA LECTURE,

DE L'ORTHOGRAPHE ET DE LA PRONONCIATION FRANÇAISE.

Par M. Viard.

NOUVELLE ÉDITION

CORRIGÉE, ET AUGMENTÉE D'UNE INSTRUCTION SUR LA MANIÈRE DE FAIRE LIRE OU RÉCITER LES FABLES AUX ENFANTS,

et ornée de 60 Vignettes.

CARPENTRAS.

L. DEVILLARIO, Imprimeur-Libraire.

1841

INTRODUCTION

On ne s'est pas assez appliqué jusqu'ici à faire connaître aux enfants ce que chaque lettre est en elle-même. La première attention que l'on peut avoir, c'est de déterminer le son propre à chaque lettre. On leur a donné ici une dénomination particulière, afin de mieux faire sentir l'inflexion de voix que chaque lettre exige, et qui la distingue d'une autre lettre à laquelle elle serait unie.

On a mis à côté de chaque consonne de l'Alphabet romain le son simple ou double qu'elle doit avoir.

La dénomination qu'on a donnée aux consonnes n'est pas une nouveauté; elle est établie depuis long-temps par la Grammaire de Port-Royal, et par plusieurs autres bons ouvrages de ce genre.

Jusqu'ici, pour nommer les lettres F, H, L, M, N, R, S, X, on a fait dire aux enfants *effe, ache, elle, eme, ene, ere, esse, ixe*. On a cru qu'il serait mieux de mettre une voyelle à la suite de la consonne, et de faire prononcer *fe, he, le me, ne, re, se, kse, gse*. Il est bien plus simple de ne faire entendre, après les lettres F, H, L, etc., qu'un *e* très sourd, que de le faire précéder d'un *è* ouvert, qui laisse toujours subsister l'*e* sourd. Cette manière de prononcer épargne le son de l'*è* ouvert, par où commence *effe, elle*, etc. On y gagne aussi le son de l'*i* dans *ixe*, et les sons de *ha* et de *che*, qui se trouvent dans *ache*, et qui n'ont aucun rapport avec le son de la lettre *h*, partout où elle est employée. Il est étonnant que le bon sens n'ait pas encore fait réformer l'ancienne manière de dénommer les consonnes. Il est encore plus surprenant qu'on n'ait pas aperçu l'inconvénient de faire épeler les enfants. Epeler, c'est, par exemple, pour prononcer le mot *bale*, faire dire: *be a, ba; elle e, le : bale. Be ê, bé; te e, te; bête.* Il suffit de réfléchir sur le peu de rapport qu'il y a entre tous ces sons détachés et le mot qu'ils forment, pour s'apercevoir que la méthode que l'on adopte ici est la seule bonne et la seule qu'il faut préférer. Toute l'opération consiste à simplifier les sons.

Règle générale : les Maîtres doivent faire attention de faire prononcer le *b*, dans l'alphabet, comme on le prononce dans la dernière syllabe du mot tombe : *il tombe*. Il faut aussi qu'ils fassent prononcer toutes les autres consonnes avec un *e* muet ; et à la vue de la lettre D, C, etc., faire dire *de*, comme dans ron*de* et deman*de* ; *ce*, comme dans ron*ce*, constan*ce*.

— Pour ne point embarrasser l'élève qu'on instruit, il ne faut pas qu'on lui fasse lire rien de ce qui paraît mis pour instruire celui qui enseigne.

Il est encore essentiel d'avertir tout le monde de ne pas enjamber d'une page à l'autre, mais d'aller de leçon en leçon. Il est indispensable de faire répéter, à la fin de chaque semaine, ce qu'on a appris à l'enfant que l'on instruit.

ALPHABETS ROMAIN ET ITALIQUE.

Figure de la lettre.	Nom de la lettre.	Figure de la lettre.	Nom de la lettre.
a		*a*	
b	be	*b*	*be*
c	ce *ou* que	*c*	*ce* ou *que*
d	de	*d*	*de*
e		*e*	
f	fe	*f*	*fe*
g	fe *ou* gue	*g*	*ge* ou *gue*
h	he	*h*	*he*
i		*i*	
j	je	*j*	*je*
k	ke	*k*	*ke*
l	le	*l*	*le*
m	me	*m*	*me*
n	ne	*n*	*ne*
o		*o*	
p	pe	*p*	*pe*
q	que	*q*	*que*
r	re	*r*	*re*
s	se *ou* ze	*s*	*se* ou *ze*
t	ti *ou* si	*t*	*te* ou *si*
u		*u*	
v	ve	*v*	*ve*
x	kse *ou* gse	*x*	*kse* ou *gze*
y	i *ou* ye	*y*	*i* ou *ye*
z	ze	*z*	*ze*

ALPHABET EN LETTRES MAJUSCULES.

Figure de la lettre.	Nom de la lettre.
A	
B	BE
C	CE *ou* QUE
D	DE
E	
F	FE
G	GE *ou* GUE
H	HE
I	
J	JE
K	KE
L	LE
M	ME
N	NE
O	
P	PE
Q	QUE
R	RE
S	SE *ou* ZE
T	TE *ou* SI
U	
V	VE
X	KSE *ou* GZE
Y	I *ou* YE
Z	ZE

INSTRUCTION

Pour les personnes qui enseignent à lire.

Pour s'assurer que l'élève connaît bien son alphabet, faites-le lui-dire renversé, mêlé de toutes les manières possibles. Faites-lui toujours prononcer ou dénommer les consonnes comme elles sont marquées dans l'alphabet.

L'on doit remarquer dans ces premières leçons que tout ce qui est discours et raisonnement est fait pour le maître, et non pour l'élève. On ne doit attacher le disciple qu'à ce qui est destiné aux leçons qui sont à sa portée.

Dites de vive voix à votre élève : Les lettres se divisent en voyelles et en consonnes. Il y a cinq voyelles et dix-neuf consonnes. Les voyelles sont :

A. E. I *ou* Y. O. U.

Les dix-neuf consonnes sont :

B. C. D. F. G. H. J. K. L. M. N. P. Q. R. S. T. V. X. Z.

Consonnes et Voyelles mêlées ensemble.

c. d. b. g. a. m. n. o. p. q. e. a. s. t. v. u. x. z. i. h. b. f. g. d. e. c. h. m. n. p. j. a. l. r. s. t. u. o. z.

Voyelles renversées.

u. o. y *ou* i. e. a.

Alphabet renversé, en romain.

z. y. x. v. u. t. s. r. q. p. o. n. m. l. k. j. i. h. g. f. e. d. c. b. a.

Alphabet mêlé, en romain.

p. k. n. r. m. e. d. u. j. l. g. s. z. q. b. h. c.
i. a. f. x. o. t. y. v.

Alphabet mêlé, en romain, en italique, et en capitales.

j. b. a. z. r. x. h. g. n. s. c. P. U. I. D. O. T.
E. Y. M. Q. L. F. V. H.
a. Z. b. y. c. X. d. *v.* e. V. f. *t.* g. S. *h.* r. i.
Q. *j.* P. k. o. *l.* n. M.

Alphabet en capitales, romain.

A. B. C. D. E. F. G. H. I. J. K. L. M. N. O.
P. Q. R. S. T. U. V. X. Y. Z.

Alphabet en romain, italique et capitale.

A. b. *c.* D. e. *f* g. H. i. j. *K.* l. *m.* n. O. *p.*
q. R. s. *t.* u. v. *x.* y. *z.*

INSTRUCTION

Pour les personnes qui enseignent à lire.

Dès que l'élève distingue bien les lettres, il faut lui
faire connaître les caractères qui varient leur intonations.

Les pages suivantes sont destinées à donner une première idée des caractères qu'on appelle *accents*; des trois
sortes d'*e*, des deux *u v*, des deux *i j*, et des six consonnes qui ont un son double. On a cru devoir mettre
ce tableau sous les yeux des Maîtres et Maîtresses, pour
les avertir d'en donner aux enfants les premières notions.

Pour apprendre à distinguer les accents, il ne faut
montrer que la colonne où ils se trouvent marqués. Ce
qui est placé à côté d'eux, est destiné à instruire la
personne qui les enseigne.

Il faut ensuite tâcher de faire entendre à l'élève que les différentes sortes d'*e* viennent de ce que les accents dont ils sont marqués leur donnent une articulation plus ou moins prononcée, parce qu'on appuie plus ou moins sur elles en les prononçant.

On a mis, en marge des voyelles marquées d'un accent, des mots qui servent à déterminer la manière dont le Maître doit faire prononcer chaque voyelle. Pour le découvrir, il n'a qu'à prononcer les mots qui se trouvent dans les exemples.

Il faut faire remarquer que la même lettre se prononce différemment, dès qu'elle est marquée d'un accent aigu, grave, ou circonflexe; et que cette prononciation est toute différente, lorsqu'il n'y a point d'accent.

Dites de vive voix à votre élève, en lui montrant les accents : Il y a trois accents, l'accent aigu ′, l'accent grave ‵, et l'accent circonflexe ^.

′ L'accent aigu est un caractère qui va de droite à gauche.

‵ L'accent grave est un caractère qui va de gauche à droite.

^ L'accent circonflexe est un caractère formé de l'accent grave et de l'accent aigu réunis et adossés; il se met sur les cinq voyelles lorsqu'elles se prononcent lentement : comme dans les mots *âge*, *bête*, *fîle*, *dôme*, *mûre*, etc.

Dites aussi à votre élève, sans montrer autre chose que les caractères rangés perpendiculairement les uns sur les autres, qu'il y a deux sortes d'*i* : l'*i* voyelle et l'*j* consonne.

i L'*i* voyelle se figure *i*, et se prononce *i*.

j L'*j* consonne se figure *j*, et se prononce *je*.

Il y a aussi deux sortes d'*u* : l'*u* voyelle et l'*v* consonne.

u L'*u* voyelle se figure *u*, et se prononce *u*.

v L'*v* consonne se figure *v*, et se prononce *ve*.

Les deux *j i* et les deux *u v* se trouvent dans le mot *juive*.

Faites remarquer qu'il y a trois sortes d'*e* : l'*e* muet ; l'*é* fermé ; l'*è* ouvert.

e   L'*e* muet est l'*e* qui se prononce sourdement : c'est celui qui n'a point d'accent, comme on peut le voir dans les mots *loge*, *prince*, etc.

é   L'*é* fermé est celui qui a un accent de droite à gauche ; c'est l'*accent aigu é*, comme dans les mots *santé*, *bonté*.

è   L'*è* ouvert est celui qui a un accent de gauche à droite ; c'est l'*accent grave è*, comme dans les mots *accès*, *procès*, *abcès*, etc.

En montrant à votre élève les lettres *e*, *é*, *è*, *ê*, faites prononcer :

e   L'*e* muet, comme dans la dernière syllabe du mot *pa-re*.

é   L'*é* fermé, comme dans la dernière syllabe des mots *pa-ré*, *pa-vé*.

è   L'*è* ouvert, comme dans le mot *très*.

ê   L'*ê* marqué d'un accent circonflexe, comme dans la première syllabe des mots *bête*, *tête*, etc.

o   L'*o*, comme dans la première syllabe du mot *to-me*.

ô   L'*ô* marqué d'un accent circonflexe, comme dans la première syllabe du mot *dô-me*.

a   L'*a*, comme dans la première syllabe du mot *ta-ble*.

â   L'*â* marqué d'un accent circonflexe, comme dans la première syllabe du mot *pâ-te*.

i   L'*i*, comme dans la première syllabe du mot *hi-ver*.

î   L'*î* marqué d'un accent circonflexe, comme dans la première syllabe du mot *fi-le*.

u   L'*u*, comme dans la première syllabe du mot *tu-be*.

û   L'*û* marqué d'un accent circonflexe, comme dans la première syllabe du mot *mû-re*.

Apprenez aussi à votre élève qu'il y a six consonnes qui ont un son double ; ce sont :

c. g. h. s. t. x.

c se prononce *se*, *ss*, devant *e*, *i* ; *Cicéron*.

c se prononce *ka*, *ko*, *ku*, devant *a*, *o*, *u* : *cave*, *côté*, *curé*.

g se prononce *je*, *ji*, devant *e*, *i* : *genou*, *gibier*.

g se prononce *ga*, *go*, *gu*, devant *a*, *o*, *u* : *gâteau*, *gosier*, *guenon*.

g se prononce *g*, *j* devant le mot *gage*.

h se prononce *hâ*, *hê*, *hi*, *ho*, *hu*, dans *hâte*, *hêtre*, *hibou*, *hotte*, *hutte* ; alors on l'appelle *h aspirée*.

h ne se prononce point du tout dans *habit*, *Hélène*, *hiver*, *hôte* ; alors on l'appelle *h non aspirée*.

s se prononce *sa*, *se*, *si*, *so*, *su*, au commencement des mots *sale*, *sève*, *sire*, *sole*, *suite* ; et lorsqu'elle est précédée d'une consonne, comme dans le mot *danse*.

s se prononce *z* entre deux voyelles : *case*, *lésé*, *bise*, *dose*, *ruse*, etc.

t se prononce *ti* au commencement des mots *tige*, *tigre*, *tison*, etc.

t se prononce *si* dans *abbatial*, *ambitieux*, *captieux*, etc.

x se prononce *kse* dans *Alexandre*, *Alexis*.

x se prononce *gs* dans *examen*, *exemple*, *Xavier*.

INSTRUCTION

Pour les personnes qui enseignent à lire.

L'élève connaissant bien e xactement les consonnes, les différentes articulations que leur donnent les voyelles *a*, *e*, *i*, *o*, *u*, et celles que les voyelles empruntent des accents, il faut lui faire lire de suite la table où toutes les consonnes sont unies avec toutes les voyelles. Elle commence par *ba*, *be*, *bé*, *bè*, etc. Il faut lui faire lire d'abord chaque ligne horizontalement, c'est-à-dire *ba*, *be*, *bé*, *bè*, *bi*, *bo*, *bu*, passer ensuite à la seconde colonne : observer surtout de ne le point faire épeler en l'aidant à prononcer les sons et les syllabes ; ainsi il ne faut pas lui

faire dire *be*, *a*, *ba*; *be*, *e*, *be*; *be*, *i*, *bi*; mais tout
d'un coup *ba*, *be*, *bi*; l'avantage de cette méthode est
de faire connaître que les consonnes ont toujours besoin
d'une voyelle pour être articulées, que *b* devant *a* s'appelle *ba*, *b* devant *o* s'appelle *bo*, etc.

Sons formés d'une consonne et d'une voyelle.

Ba	be	bé	bè	bê	bi	bo	bu
ca	ce	cé	cè	cê	ci	co	cu
da	de	dé	dè	dê	di	do	du
fa	fe	fé	fè	fê	fi	fo	fu
ga	ge	gé	gè	gê	gi	go	gu
ha	he	hé	hè	hê	hi	ho	hu
ja	je	jé	jè	jê	ji	jo	ju
la	le	lé	lè	lê	li	lo	lu
ma	me	mé	mè	mê	mi	mo	mu
na	ne	né	nè	nê	ni	no	nu
pa	pe	pé	pè	pê	pi	po	pu
qua	que	qué	què	quê	qui	quo	quu
ra	re	ré	rè	rê	ri	ro	ru
sa	se	sé	sè	sê	si	so	su
ta	te	té	tè	tê	ti	to	tu
va	ve	vé	vè	vê	vi	vo	vu
xa	xe	xé	xè	xê	xi	xo	xu
ya	ye	yé	yè	yê	yi	yo	yu
za	ze	zé	zè	zê	zi	zo	zu

INSTRUCTION

Pour les personnes qui enseignent à lire.

Dès que l'élève connaît bien les sons différents qui résultent de l'union de toutes les voyelles avec les consonnes, il faut s'attacher à lui faire lire le tableau alphabétique des mots de deux syllabes : on s'est attaché à n'y mettre que des sons qui se trouvent dans le tableau, et qui sont formés d'une consonne et d'une voyelle.

Il faut suivre le même procédé aux pages 14 et 15 : ces deux pages présentent une double nouveauté, en ce que, premièrement, la voyelle qui, à la page 13, se trouve après la consonne *b*, etc., se trouve ici avant cette même consonne *b* ; secondement, en ce que les mots de la quinzième page, formés des sons de la quatorzième, sont de trois syllabes.

Les pages 16 et 17 présentent deux tables de mots de quatre syllabes. La première syllabe de chaque colonne commence par l'une des cinq voyelles, mises tantôt après la consonne, et tantôt avant la même consonne, autant qu'il a été possible de le faire.

Mots de deux syllabes formés des mêmes sons.

Ba le	bê te	bi se	bo bo	bu te
ca ve	cè ne	ci re	cô ne	cu ve
da me	de mi	dî me	dô me	du pe
fa ce	fê lé	fi le	fo ré	fu té
ga ge	gê ne	gî te	go be	gu é
hà le	hè re	hi re	hô te	hu re
Ja va	Je su		jo li	ju ge
la ve	le vé	li me	lo ge	lu ne
ma le	mè re	mi ne	mo de	mu le

na pe   né ra   Ni ce   nô ce   nu e
Pa pe   pè re   pi pe   pô le   pu ce
qua si   quê te   Qui to   quô te   qu'une
ra ve   rê ve   ri me   ro be   ru se
sa le   sè ve   si re   so le   Su ze
ta xe   tê te   ti ge   to me   tu be
va se   ve lu   vi ce   vo le   vu e

Sons formés d'une voyelle et d'une consonne.

Ab	eb	éb	èb	ib	ob	ub
ac	ec	éc	èc	ic	oc	uc
ad	ed	éd	èd	id	od	ud
af	ef	éf	èf	if	of	uf
ag	eg	ég	èg	ig	og	ug
al	el	él	èl	il	ol	ul
am	em	ém	èm	im	om	um
an	en	én	èn	in	on	un
ap	ep	ép	èp	ip	op	up
aq	eq	éq	èq	iq	oq	uq
ar	er	ér	èr	ir	or	ur
as	es	és	ès	is	os	us
at	et	ét	èt	it	ot	ut
av	ev	év	èv	iv	ov	uv
ax	ex	éx	èx	ix	ox	ux
az	ez	éz	èz	iz	oz	uz

Mots de trois syllabes formés des mêmes sons.

Ab bat tu	é bè ne	o bo le
ac cu sé	é co le	oc cu pé
ad mi ré	E di le	i do le
af fu té	ef fa cé	of fi ce
a ga cé	é ga ré	ig né e
al lu re	é lo ge	o li ve
am bi gu	em bal lé	i ma ge
an nu el	en ne mi	in vi té
ap pe lé	é pi lé	o pé ra
a queu se	é quer re	
ar rê té	er ro né	ir ri té
as si du	es ti mé	Is ma ël
At ta le	é tof fe	u ti le
a va re	é vi té	o va le
a xi ô me	ex ta se	I xi on
A zi me	O zé e	O zi as

Mots, la plupart de quatre syllabes, formés des sons précédents.

Ba di na ge	bé né fi ce	bi ga ra de
ca pi ta le	cé lé ri té	ci vi li té
ac ti vi té	é co li er	ic té ri que
da ri o le	dé fi gu ré	di vi ni té
ad di ti on	é di fi ce	I du mé en
fa ci li té	fé li ci té	fi dé li té
af fi na ge	ef fi ca ce	I phi gé ni e
Ga ni mè de	gé né ra le	gi be ci è re
ha bi tu de	hé ro ï que	Hi po li te
la ti tu de	lé gé re té	li mo na de
al li an ce	el lé bo re	il lu si on
ma gi ci en	mé de ci ne	mi né ra le
A ma zô ne	é mé ti que	im mé di at
na ti vi té	né ga ti ve	Ni co la ï
a né an ti	en ne mi e	in dé fi ni
pa ci fi que	pé le ri ne	py ra mi de
a pa na ge	é pi so de	i pé ca cu a na
ra ta ti né	ré vo lu ti on	ri di cu le
ar ti fi ce	er ro né	i ro ni e
sa ga ci té	sé cu ri té	si mo ni e
as so ci é	e xé cu té	Is sa char
ta ni è re	Es cu la pe	ti mi di té
at ti tu de	té mé ri té	I ta li e
va ca ti on	é ta la ge	vi va ci té
a va ri ce	Vé ro ni que	I vi ce
e xa gô ne	é va po ré	e xi lé

Mots, la plupart de quatre syllabes, formés des sons précédents.

Bo ta ni que	bu co li que
co mé di en	cu pi di té
oc ca si on	oc to gô ne
do ci li té	du pe ri e
o di eu se	U di ne
fol li cu le	fu ti li té
of fi ci al	
go si er	gut tu ra le
hon nê te té	hu mi li té
lo gi ci en	lu na ti que
o li vi er	ul cè re
mo no po le	mu tu el le
om bra ge	om bi lic
no va ti on	nu mé ra le
on da ti on	u na ni me
po ly go ne	pu ri fi é
o pi ni on	Up sal
ro tu ri er	ru ba ni er
or tho do xe	ur ba ni té
so li tu de	su jé ti on
o si er	u su ri er
to pi que	tu li pe
ot to ma ne	u té ri ne
vo la ti le	vul ga te
o va ti on	Xé no phon
E xo de	ex hu mé

INSTRUCTION

Pour les personnes qui enseignent à lire.

Il y a des mots qui commencent par deux consonnes : on a réuni sous un même coup-d'œil les combinaisons différentes qu'elles peuvent former. La colonne qui les renferme est une des plus essentielles de cette méthode.

En prononçant les sons *ble*, *bre*, etc., il faut avoir soin de ne pas faire épeler. Au lieu de faire dire à l'enfant *be, elle, ble* ; *be, ere, bre*, il faut lui faire prononcer de suite et sans épeler *ble, bre*, comme on prononce la dernière syllabe des mots *table, sabre*.

Les pages 22, 23, 24, 25, sont composées de mots et de sons formés de plusieurs consonnes et de simples voyelles. Un enfant n'aura pas grande difficulté à les prononcer lorsqu'il aura été bien exercé sur les pages 19, 20, 21 ; il faut, pour cela, lui faire prononcer exactement chaque son, sans en décomposer les lettres, en suivant l'ordre des cinq voyelles, et ensuite perpendiculairement, c'est-à-dire en faisant parcourir chaque colonne de haut en bas et de bas en haut.

Sons formés de deux consonnes et d'une voyelle.

Bla	ble	bli	blo	blu
bra	bre	bri	bro	bru
cha	che	chi	cho	chu
chra	chre	chri	chro	chru
cla	cle	cli	clo	clu
cra	cre	cri	clo	cru
dra	dre	dri	dro	dru
fla	fle	fli	flo	flu
fra	fre	fri	fro	fru
phra	phre	phri		
pha	phe	phi	pho	phu
phla	phle	phli	phlo	phlu
gla	gle	gli	glo	glu
gna	gne	gni	gno	gnu
gra	gre	gri	gro	gru
pla	ple	pli	plo	plu
pra	pre	pri	pro	pru
rha	rhe	rhi	rho	rhu
sça	sce	sci		
sca			sco	scu
spa	spe	spi	spo	spu
sta	ste	sti	sto	stu
tha	the	thi	tho	thu
thra	thre	thri	thro	
tra	tre	tri	tro	tru
vra	vre	vri	vro	

*Sons formés des mêmes deux consonnes et d'une voyelle
dans un ordre renversé.*

Vra	vre	vri	vro	
tra	tre	tri	tro	tru
thra	thre	thri	thro	
tha	the	thi	tho	thu
sta	ste	sti	sto	stu
spa	spe	spi	spo	spu
sca			sco	scu
sça	sce	sci		
rha	rhe	rhi	rho	rhu
pra	pre	pri	pro	pru
pla	ple	pli	plo	plu
gra	gre	gri	gro	gru
gna	gne	gni	gno	gnu
gla	gle	gli	glo	glu
phla	phle	phli	phlo	phlu
pha	phe	phi	pho	phu
phra	phre	phri		
fra	fre	fri	fro	fru
fla	fle	fli	flo	flu
dra	dre	dri	dro	dru
cra	cre	cri	cro	cru
cla	cle	cli	clo	clu
chra	chre	chri	chro	chru
cha	che	chi	cho	chu
bra	bre	bri	bro	bru
bla	ble	bli	blo	blu

Sons formés des deux mêmes consonnes et d'une voyelle.

Tha	the	thi	tho	thu
gla	gle	gli	glo	glu
dra	dre	dri	dro	dru
bla	ble	bli	blo	blu
sca			sco	scu
gra	gre	gri	gro	gru
sta	ste	sti	sto	stu
pla	ple	pli	plo	plu
fla	fle	fli	flo	flu
chra	chre	chri	chro	chru
rha	rhe	rhi	rho	rhu
tra	tre	tri	tro	tru
pra	pre	pri	pro	pru
cha	che	chi	cho	chu
phra	phre	phri		
pha	phe	phi	pho	phu
cla	cle	cli	clo	clu
vra	vre	vri	vro	
thra	thre	thri	thro	
spa	spe	spi	spo	spu
sça	sce	sci		
gna	gne	gni	gno	gnu
phla	phle	phli	phlo	phlu
fra	fre	fri	fro	fru
cra	cre	cri	cro	cru
bra	bre	bri	bro	bru

Mots de différentes syllabes formés des sons précédents.

blâ me	blê me
bra ve	brè ve
chas se	ch êne
Chram ne	Chrê me
cla vier	clé men ce
cra be	crê che
dra pé	dres sé
flat té	flê che
fra cas	frè re
phra se	phré né si e
gla ce	glè be
I gna ce	A gnès
gra pe	grê le
pha re	phé nix
phlé bo to mi e	phleg ma ti que
pla ce	plé nier
pra ti que	prê tre
rha bil lé	rhé teur
sa vant	scè ne
Sca ron	Sca man dre
spa dil le	spé ci fi que
sta de	Sté tin
Tha li e	thê me
Thra ce	tré sor
tra pe	trè ve
i vre	I vri

Mots de différentes syllabes, composés des sons précédents.

blin de	blo qué	blu te
bri sé	bro dé	bru ne
chy le	cho se	chû te
Chris ti ne	chro ni que	chru din
Cli mè ne	clo che	Clu ny
cri me	cro che	cru che
Dri a de	drô le	Dru ï de
fli pot	Flo re	flû te
fri sé	frot té	fru gal
Phri gi e		
glis sa de	glo be	glu ant
dig ni té	i gno ré	ro gnu re
gri ve	grot te	gru ri e
phy si que	phos po re	
Pli ne	plom bé	plu me
pri me	prô ne	pru ne
Rhin	Rhô ne	rhu me
Si am	scis si on	sci u re
Scot	scor pi on	Scu dé ri
spi ra le	spon dé e	
sty le	sto rax	stu pi de
thym	Tho mas	Thu ci di de
	trô ne	
Tri po li	tro pe	tru fe
	i vro gne	

Mots de différentes syllabes, composés des sons précédents.

blan chir	bles su re	blin da ge
bras se ri e	Bres se	brim ba le
char ni er	Cher so nè se	chif fo né
clas si que	cler gé	clis tè re
cram po né	cres sel le	cris tal lin
drag me	Dres de	dril le
flat te ri e	fleu ret te	flic flac
fran chir	fré quen ce	fric ti on
glan du le	glet te	glis sa de
i gna re	in di gue	dig ni té
gras sé yer	Gre na de	gri ot te
fan tô me	Phé ni ci e	phil tre
plai do yer	plé ni tu de	plis su re
prag ma ti que	pren dre	prin ci pa le
Rha da man te	rhé to ri que	rhi no cé ros
scan da le	scè ne	sci a ge
spa tu le	spec ta cle	spi ri tu el
stan ce	ster ling	stig ma tes
tran quil le	tren ti è me	tris tes se

Mots de différentes syllabes , composés des sons précédents.

blon di ne	blu et te
bron zé	brus que ri e
cho co lat	chû te
clo chet te	Clu nis te
cros se	cru ci fix
dro gue	Dru ï de
flot ta ge	flu xi on
fron de	frus tré
glo bu le	glu ti na tif
i gno ré	ro gnu re
gros se	gru ri e
phos pho re	phy si que
plon geon	plu ma ge
pros crit	pru den ce
ro do mon ta de	rhu ma tis me
scor pi on	Scu dé ri
spon ta né	spu mo si té
sto ma cal	stu pi di té
trom pe ri e	trui te

INSTRUCTION

Pour les personnes qui enseignent à lire.

Si les consonnes empruntent des voyelles des sons différents, les voyelles unies les unes aux autres forment,
avec les consonnes dont elles sont suivies, des sons infiniment variés, sur lesquels il est important de fixer l'attention des jeunes personnes. Les tables suivantes offrent
un grand nombre de sons tous formés de l'union de plusieurs voyelles. Afin de sauver aux personnes qui ins-
truisent l'embarras de les articuler avec netteté, on a
mis à côté de chaque son des mots dans lesquels sont
employés les sons qu'on doit faire prononcer à un enfant.

Il faut faire remarquer aux élèves les articulations
différentes que donnent aux voyelles les deux points
qu'elles portent en tête, comme dans *laïc*, *aëré*, etc.

---

*Voyelles unies à d'autres voyelles, ou placées à leur
suite, et formant avec les consonnes ou les voyelles
dont elles sont suivies une ou plusieurs syllabes.*

On prononce comme dans		On prononce comme dans	
Aë	*aë* ré	ain	p *ain*
æa	*Æa* que	ains	m *ains*
aen	C *aen*	aint	cr *aint*
ai	bal *ai*	air	ch *air*
aî	f *aî* tière	aire	cappill *aire*
aï	l *aï* c	ais	d *ais*
aie	h *aie*	aïs	m *aïs*
aient	p *aient*	ait	f *ait*
aïeul	bis *aïeul*	aix	p *aix*
aïde	Adél *aïde*	ao	Cac *ao*
ail	b *aïl*	aon	P *aon*
aille	can *aille*	août	*Août*

On prononce	comme dans	On prononce	comme dans
au	P *au*	eim	Ben *eim*
aüs	Emm *aüs*	ein	fr *ein*
aud	ch *aud*	eindre	f *eindre*
aul	P *aul*	eint	p *eint*
aulx	f *aulx*	eing	s *eing*
aoul	s *aoul*	eïo	Ang *eïo* lo gi e
aur	M *aur*	eoir	ass *eoir*
aut	f *aut*	eois	bourg *eois*
aux	ch *aux*	éole	alv *éole*
ay	C *ay* lus	eon	pig *eon*
aya	at tr *aya* nt	eu	bl *eu*
ayé	t *ayé*	euf	b *euf*
ayen	Bisc *ayen*	eufs	n *eufs*
ayer	bég *ayer*	euil	d *euil*
ayeux	B *ayeux*	euille	f *euille*
ayon	cr *ayon*	eur	p *eur*
		eut	p *eut*
ea	mang *ea*	eux	d *eux*
ean	J *ean*	ey	Bug *ey*
eant	afflig *eant*		
éal	Bor *éal*	iable	chât *iable*
éar	B *éar* nais	iade	Dr *iade*
éat	b *éat*	ia	mar *ia* ge
eau	gât *eau*	ial	offic *ial*
eaux	moin *eaux*	iam	S *iam*
ée	nu *ée*	ian	all *ian* ce
éen	Idum *éen*	iand	fr *iand*
ées	hach *ées*	iard	T *iard*
éïa	pl *éïa* de	ias	Os *ias*
éide	Nér *éide*	iat	op *iat*
eil	ort *eil*	iâtre	opin *iâtre*
eille	bout *eille*	iau	fabl *iau*
éien	pléb *éien*	iaux	best *iaux*

On prononce	comme dans	On prononce	comme dans
ie	p *ie*	oie	j *oie*
iée	mar *iée*	oo	c *oo* pérateur
iel	m *iel*	ou	f *ou*
ième	trent *ième*	ouac	biv *ouac*
ien	magic *ien*	ouade	esc *ouade*
ieux	Br *ieux*	ouage	Br *ouage*
ient	t *ient*	oud	c *oud*
ier	chart *ier*	oue	Cord *oue*
ière	tan *ière*	oué	d *oué*
iers	f *iers*	ouer	av *ouer*
iette	m *iette*	ouet	j *ouet*
ieu	l *ieu*	ouette	ch *ouette*
ieue	banl *ieue*	oug	j *oug*
ieux	p *ieux*	oui	réj *oui*
ïo	Cl *ïo*	ouïe	*ouïe*
iole	bab *iole*	ouin	bab *ouin*
iu	Ab *iu*	ouil	b *ouil* li
ya	Dr *ya* de	ouille	citr *ouille*
yen	Ca *yen* ne	ouir	évan *ouir*
yer	plaido *yer*	ouis	b *ouis*
yon	Ba *yon* nais	oul	Capit *oul*
		oup	c *oup*
oa	c *oa* guler	our	am *our*
oard	béz *oard*	ourd	l *ourd*
œil	*œil*	ours	j *ours*
œufs	*œufs*	oux	courr *oux*
œur	s *œur*	oust	ac *oust* ique
œu	*œu* vre		
oé	c *oé* ternel	ua	alg *ua* sil
oë	c *oë* ffe	uan	Don J *uan*
oi	effr *oi*	uant	p *uant*
oî	cr *oî* tre	uau	cr *uau* té
oï	M *oï* se	uë	cig *uë*

On prononce comme dans		On prononce comme dans	
uée	n *uée*	uis	Pert *uis*
uer	arg *uer*	uiss	b *uiss* on
uet	m *uet*	uist	c *uist* re
uette	l *uette*	uit	br *uit*
ueux	anfract *ueux*	uite	tr *uite*
ui	app *ui*	uits	fr *uits*
uïde	Dr *uïde*	uivre	c *uivre*
uids	m *uids*	uüm	D *uum* vir
uie	pl *uie*	uyer	app *uyer*
uif	s *uif*		
uifs	J *uifs*	ya	Bo *yard*
uin	J *uin*	yau	alo *yau*
uil	c *uil* lère	yen	do *yen*
uille	aig *uille*	yer	coudo *yer*
uir	f *uir*	yeur	gibo *yeur*
uire	c *uire*	yeux	jo *yeux*

INSTRUCTION

Pour les personnes qui enseignent à lire.

Les pages 30, 31, 32 et 33 présentent une suite de mots monosyllabes, suivant l'ordre alphabétique : on y en a fait entrer le plus qu'il a été possible, sans trop s'attacher au sens, parce que les enfants ont toujours beaucoup de peine à bien lire ces sortes de mots.

On a encore séparé la consonne simple ou double de la voyelle, afin que les élèves en saisissent mieux l'ensemble et le résultat en les rapprochant eux-mêmes.

Pour les accoutumer à lire hardiment deux mots monosyllabes à la fois, on a rapproché les mêmes monosyllabes, depuis la page 34 jusqu'à la page 36; cet exercice prépare à quelques petites lectures en monosyllabes qui se trouvent à la page 38. L'élève s'en tirera parfaitement s'il a été bien exercé sur les deux tables de monosyllabes; ces-petits triomphes allument le courage des enfants: il ne faut jamais manquer de leur en ménager.

Monosyllabes qu'il faut faire lire d'abord par sons séparés, et ensuite tout en un mot.

B–ail	bail	ch–aud	chaud	d–euil	deuil
b–ain	bain	ch–aux	chaux	D–ieu	Dieu
b–eau	beau	ch–œur	chœur	d–ieux	dieux
b–eaux	beaux	c–œur	cœur	d–ois	dois
b–aux	baux	ch–ien	chien	d–oit	doit
b–œuf	bœuf	ch–ou	chou	d–oigts	doigts
b–œufs	bœufs	ch–oux	choux	d'–où	d'où
bl–eu	bleu	ch–oix	choix	d–oux	doux
b–ien	bien	ch–oir	choir	dr–oit	droit
b–iais	biais	ch–ois	chois	dr–ue	drue
b–ouc	bouc	c–oin	coin	Dr–eux	Dreux
b–oue	boue	c–oing	coing		
b–ois	bois	c–ou	cou	f–aut	faut
b–ourg	bourg	c–oup	coup	f–aux	faux
b–out	bout	c–oût	coût	f–aulx	faulx
br–uit	bruit	c–our	cour	f–aim	faim
b–uis	buis	c–ours	cours	f–ait	fait
		c–ourt	court	f–aits	faits
c–ap	cap	cr–aie	craie	f–aix	faix
C–aen	Caen	cr–aint	craint	fa–on	faon
C–aux	Caux	cr–eux	creux	f–eu	feu
c–eux	ceux	cr–oix	croix	f–eux	feux
c–eint	ceint	cr–ois	crois	f–eint	feint
c–iel	ciel	cr–oit	croit	f–ier	fier
c–ieux	cieux	cr–ue	crue	fl–eur	fleur
cl–aie	claie	cu–ir	cuir	f–oi	foi
cl–air	clair	cu–it	cuit	f–oie	foie
cl–ou	clou			F–oix	Foix
cl–oux	cloux	d–ain	dain	f–ois	fois
cl–oud	cloud	d–ais	dais	f–oin	foin
ch–air	chair	d–eux	deux	f–ouet	fouet

f-oux	foux	j-ouet	jouet	m-ail	mail
f-our	four	j-ouets	jouets	m-ain	main
fr-ais	frais	j-ouer	jouer	m-ains	mains
fr-ein	frein	j-oue	joue	M-aur	Maur
fr-oid	froid	j-ouent	jouent	m-aux	maux
fr-uit	fruit	j-oug	joug	M-eaux	Meaux
fr-uits	fruits	j-our	jour	m-iens	miens
f-uir	fuir	j-ours	jours	m-ieux	mieux
f-uis	fuis	J-uif	Juif	m-eus	meus
f-uit	fuit	J-uifs	Juifs	m-eut	meut
		J-uin	Juin	m-eurs	meurs
g-ai	gai			m-eurt	meurt
g-ain	gain	l-aïc	laïc	m-œurs	mœurs
g-eai	geai	l-aid	laid	m-ien	mien
gu-é	gué	l'air	l'air	m-ie	mie
gu-et	guet	l-aie	laie	m-iel	miel
gu-eux	gueux	l'-eau	l'eau	m-oi	moi
g-oût	goût	L-eu	Leu	m-oins	moins
gr-ain	grain	l-eur	leur	m-ois	mois
gr-ains	grains	l-eurs	leurs	m-ou	mou
gr-ais	grais	l-ie	lie	m-oue	moue
gr-ue	grue	l-ien	lien	m-uet	muet
gr-ouin	grouin	l-ient	lient	m-uids	muids
		l-ieu	lieu		
h-aie	haie	l-ieux	lieux	n-ain	nain
h-ait	hait	l-ieue	lieue	n-œud	nœud
h-aut	haut	l-oi	loi	n-œuds	nœuds
h-ier	hier	l-ois	lois	n-euf	neuf
h-oue	houe	l-oin	loin	n-ie	nie
h-oux	houx	l-oue	loue	n-iais	niais
h-uit	huit	l-ouent	louent	N-oël	Noël
		l-oué	loué	n-oir	noir
j'-ai	j'ai	L-ouis	Louis	n-oix	noix
j'-aie	j'aie	l-oup	loup	n-oueux	noueux
J-ean	Jean	loups	loups	n-ous	nous
j-eu	jeu	l-ourd	lourd	n-uit	nuit
j-eux	jeux	l-ui	lui	n-ue	nue
j'-eus	j'eus			n-uée	nuée
j-oie	joie	M-ai	Mai		

p-ain	pain	p-ouls	pouls	se-aux	seaux
p-aîs	paîs	pr-ie	prie	sc-eau	sceau
p-aît	paît	pr-ient	prient	s-ein	sein
p-aix	paix	pr-oie	proie	s-eing	seing
p-aïs	païs	pr-oue	proue	s-œur	sœur
p-aie	paie	p-uits	puits	s-aoul	saoul
p-air	pair			s-eul	seul
p-aon	paon	qu-ai	quai	s-euil	seuil
P-aul	Paul	qu-art	quart	sc-ie	scie
p-eau	peau	qu-and	quand	sc-ient	scient
p-eur	peur	qu-ant	quant	s-ien	sien
p-eu	peu	qu-el	quel	s-oi	soi
p-eus	peus	qu-eue	queue	s-oie	soie
p-eut	peut	qu'-eux	qu'eux	s-oin	soin
p-eint	peint	qu'-il	qu'il	s-oir	soir
p-ie	pie	qu-oi	quoi	s-ois	sois
p-ied	pied	qu-int	quint	s-oit	soit
p-ieds	pieds	qu-on	qu'on	s-oient	soient
p-ieu	pieu	qu'-un	qu'un	s-oif	soif
p-ieux	pieux			s-ourd	sourd
pl-aie	plaie	r-aie	raie	s-ous	sous
pl-ais	plais	r-eins	reins	s-uie	suie
plaît	plaît	R-eims	Reims	s-uis	suis
pl-ains	plains	r-ien	rien	s-uif	suif
pl-aint	plaint	R-oi	Roi	suit	suit
pl-ein	plein	r-oue	roue		
pl-ie	plie	r-oux	roux	t-aie	taie
pl-ient	plient	R-ouen	Rouen	t-aux	taux
pl-eurs	pleurs	r-ouet	rouet	t-eins	teins
pl-eut	pleut	r-ouer	rouer	t-eint	teint
pl-uie	pluie			t-ien	tien
p-oids	poids			ti-ens	tiens
p-ois	pois	s-aie	saie	t-ient	tient
p-oix	poix	s-ais	sais	t-iers	tiers
p-oint	point	s-ain	sain	t-ous	tous
p-oing	poing	s-aint	saint	t-out	tout
p-oil	poil	s-ait	sait	t-oux	toux
p-oils	poils	s-auf	sauf	t-oit	toit
		s-aut	saut		

tr-ain	train	v-eau	veau	v-oie	voie
tr-ait	trait	v-eaux	veaux	v-oix	voix
tr-aits	traits	v-ain	vain	v-oir	voir
tr-ois	trois	v-air	vair	v-ois	vois
Tr-oie	Troie	v-œu	vœu	v-oit	voit
t-our	tour	v-œux	vœux	v-oient	voient
T-ours	Tours	v-eut	veut	vr-ai	vrai
tr-ou	trou	v-ie	vie	v-ue	vue
tr-oué	troué	v-ieil	vieil	v-ues	vues
tr-oue	troue	v-ieux	vieux		
		v-iens	viens	yeux	yeux
v-aut	vaut	v-ient	vient		

Monosyllabes, dissyllabes composés des monosyllabes précédents simples.

Air fier	cail-lou	cuir et chair
ail-leurs	ceint au-tour	cuit au four
ait eu	ciel bleu	crue d'eau
Août chaud	cieux en feu	
au mieux	claie de bois	dais en l'air
aux cieux	clou droit	dain vieux
aient lieu	clair et frais	deuil de cour
	chair crue	deux à deux
bail-leur	chaud et froid	dieu des dieux
bain froid	chaux et craie	doigt au trou
beau jeu	chou fleur	doigts cours
beaux jeux	cœur de roi	doit tout
bœuf noir	chien fou	cou de bœuf
bleu clair	coing cuit	doux au cœur
bien fait	coup de feu	droit et haut
biai-ser	cou-teau	
bou-quin	cou-cou	eau-de-vie
bou-eux	cour-te joie	eux et vous
bout-à-bout	cours droit	œuf frais
bois-seau	craie et chaux	œufs cuits
boute-feu	creu et plein	œil de bœuf
bruit sourd	croix de buis	
buis court	crois-moi	faux seing

faim et soif

fais bien

fais-ceaux

fait à tout.

fait au tour

faix lourd

feu de bois

feux de nuit

feint et faux

fier et haut

fleur et fruit.

foie de veau

foi de roi

foin et grain

fouet de cuir

four chaud

frais et gai

frein doux

froid noir

fruits et fleurs

fuir loin

gai et gué

geai noir

guet à pied

gueux à rouer

grains et foin

grue en l'air

grouin de truie.

haie de buis

haut et fier

hier au soir

houx noueux

houe de bois

huis clos

huit fois

Jean et Louis

jeu d'oie

jeu de main

j'eus hier

joie au cœur

jouet à jouer

joue à joue

jour et nuit

joug et Juif

Juin et Mai

laid et fou

lait chaud

laie et loup

l'air et l'eau

lie et Leu

lient tout

lieux saints

lieue loin

loi et loix

loin d'eux

Louis trois

loup et laie

lui et vous

Mai et Juin

mail à jouer

main—te fois

main-tien

mais au moins

Maur et Louis

maux de cœur

meus et meut

le mien le tien

mieux fait

meurs et meurt

mie de pain

miel doux

moi et eux

mois d'Août

moins bien

mou-leur

muet et sourd

muids d'eau

nain à pied

neuf et trois

nie et nient

noir de peau

Noël et Jean

noue et nouent

noué en deux

nous et eux

nuit et jour

nue et nuée

oie et ouais

ouï et ouïes

oint et saint

ouïr et voir

ours noir

pain cuit

paix de Dieu

pays de Caux

paie de roi

pair laïc

paon en l'air

peau de chien

Paul et Louis

peur et fuir

peu à peu

peint en beau

pieu de bois

pied à pied

pied de roi

plaît à Dieu

plaint de tous

plein d'eau

plie et plient	roux et bleu	taie à l'œil
poids et poix	rouet roue	tout à tous
pois et fleurs	rue S. Louis	teint en noir
pleurs et pleut		tient bien
peut-on voir	Sain et sauf	tout en haut
point du tout	saint Leu	toit en feu
poingt court	sau-te en l'air	trait en trois
poil roux	sceau du roi	traits de feu
plaie au cœur	seing et sceaux	train de bois
pluie en l'air	sain et saints	trois à trois
prie Dieu	sœur de lait	Troie et Tours
prient tous	saoul de tout	tour à tour
proue à l'eau	seul à seul	trou et truie
puits et seau	seuil de bois	
	scie à main	vau-rien
quai neuf	scieurs de bois	veau cuit
quart et quint	le sien le mien	veaux noirs
quant et quand	soif et faim	vain et fier
quel qu'il soit	sois seul	vert et vieil
queue de loup	soin à tout	vœux au ciel
quoi-qu'il ait	soir et soie	veut et vœux
qu'un y soit	sois à moi	vie des Saints
qu'on le lie	soit et soient	viens et vient
	sourd à tous	voie de fait
raye et rayent	sous la main	voie en haut
raie et reins	suie en feu	voit le jour
Reims Rouen	suit à pied	vois et voient
rien en tout	suif neuf	vrai et faux
Roi des Rois	suis-moi	voix et vue
roue et rouet		

PIÈCE DE LECTURE

Composée de monosyllabes.

Dieu a fait le Ciel et tout ce qu'on voit sous les Cieux, tout ce qui es dans les eaux, et en tous lieux. Il fait le jour et la nuit.

Dieu voit tout. Il voit le bien et l mal qu'on fait. Il voit tout ce qui es dans nos cœurs. Dieu fait tout c qui lui plaît. Il a fait tout ce qui es dans les airs. Il tient tous les bien dans sa main.

Dieu est le Roi des Rois, le Sain des Saints, le Dieu des Dieux. No vœux et nos cœurs sont ce qui lu plaît le mieux. Quand on a la foi, o croit tout ce qu'il a fait pour nous

INSTRUCTION

Pour les personnes qui enseignent à lire.

Les sons composés qui déterminent les différents temps des verbes embarrassent long-temps les enfants. Pour y remédier, on a fait entrer dans les pages 37, 38, 39, 40, une suite des verbes de deux, de trois et de quatre syllabes rangés par ordre alphabétique ; on y a rapproché les terminaisons *ant*, *ent*, *ait* et *aient*, que les enfants confondent ordinairement. Il faut avoir soin de les bien exercer sur ces différentes terminaisons ; ils n'y trouveront plus aucune difficulté dans la suite.

Les pages 40 et 41 contiennent une suite de petites phrases, où l'on a rapproché les verbes du mot qui n'est point verbe, pour faire comprendre aux enfants que les trois lettres *ent* se prononcent comme un *e* muet, à la fin d'un verbe, et que ces trois lettres se prononcent toutes à la fin de tous les autres mots.

MOTS de deux syllabes.	MOTS de trois syllabes.	MOTS de quatre syllabes.
ai mer	ab bat tre	ac cou tu mer
ai mant	ab bat tant	ac cou tu mant
ai ment	ab bat tent	ac cou tu ment
ai maient	ab bat tait	ac cou tu mait
	ab bat taient	ac cou tu maient
boi re	ba lan cer	bal bu ti er
bu vant	ba lan çant	bal bu ti ant
boi vent	ba lan cent	bal bu ti ent
bu vait	ba lan çait	bal bu ti ait
bu vaient	ba lan çaient	bal bu ti aient
chan ter	châ ti er	ca ra co ler
chan tant	châ ti ant	ca ra co lant
chan tent	châ ti ent	ca ra co lent
chan tait	châ ti ait	ca ra co lait
chan taient	châ ti aient	ca ra co laient

MOTS de deux syllabes.	MOTS de trois syllabes.	MOTS de quatre syllabes.
don ner	dé li vrer	dé mé na ger
don nant	dé li vrant	dé mé na geant
don nent	dé li vrent	dé mé na gent
don nait	dé li vrait	dé mé na geait
don naient	dé li vraient	dé mé na geaient
en fler	ef fa cer	é cha fau der
en flant	ef fa çant	é cha fau dant
en flent	ef fa cent	é cha fau dent
en flait	ef fa çait	é cha fau dait
en flaient	ef fa çaient	é cha fau daient
for cer	fri cas ser	fan fa ron ner
for çant	fri cas sant	fan fa ron nant
for cent	fri cas sent	fan fa ron nent
for çait	fri cas sait	fan fa ron nait
for çaient	fri cas saient	fan fa ron naient
ga gner	gour man der	ges ti cu ler
ga gnant	gour man dant	ges ti cu lant
ga gnent	gour man dent	ges ti cu lent
ga gnait	gour man dait	ges ti cu lait
ga gnaient	gour man daient	ges ti cu laient
ha cher	ha bi ter	her bo ri ser
ha chant	ha bi tant	her bo ri sant
ha chent	ha bi tent	her bo ri sent
ha chait	ha bi tait	her bo ri sait
ha chaient	ha bi taient	her bo ri saient
je ter	jar di ner	jus ti fi er
je tant	jar di nant	jus ti fi ant
jet tent	jar di nent	jus ti fi ent
je tait	jar di nait	jus ti fi ait
je taient	jar di naient	jus ti fi aient
la ver	la bou rer	lé gi ti mer
la vant	la bou rant	lé gi ti mant

MOTS de deux syllabes.	MOTS de trois syllabes.	MOTS de quatre syllabes.
la vent	la bou rent	lé gi ti ment
la vait	la bou rait	lé gi ti mait
la vaient	la bou raient	lé gi ti maient
man quer	mas sa crer	mor ti fi er
man quant	mas sa crant	mor ti fi ant
man quent	mas sa crent	mor ti fi ent
man quait	mas sa crait	mor ti fi ait
man quaient	mas sa craient	mor ti fi aient
na ger	na vi guer	né go ci er
na geant	na vi guant	né go ci ant
na gent	na vi guent	né go ci ent
na geait	na vi guait	né go ci ait
na geaient	na vi guaient	né go ci aient
ou vrir	or don ner	or ga ni ser
ou vrant	or don nant	or ga ni sant
ou vrent	or don nent	or ga ni sent
ou vrait	or don nait	or ga ni sait
ou vraient	or don naient	or ga ni saient
pein dre	par cou rir	phi lo so pher
pei gnant	par cou rant	phi lo so phant
pei gnent	par cou rent	phi lo so phent
pei gnait	par cou rait	phi lo so phait
pei gnaient	par cou raient	phi lo so phaient
qui tter	que rel ler	ques ti on ner
quit tant	que rel lant	ques ti on nant
quit tent	que rel lent	ques ti on nent
quit tait	que rel lait	ques ti on nait
quit taient	que rel laient	ques ti on naient
ren dre	ré pon dre	re com men cer
ren dant	ré pon dant	re com men çant
ren dent	ré pon dent	re com men cent
ren dait	ré pon dait	re com men çait
ren daient	ré pon daient	re com men çaient

MOTS de deux syllabes.	MOTS de trois syllabes.	MOTS de quatre syllabes.
souf frir	sou met tre	sa cri fi er
souf frant	sou met tant	sa cri fi ant
souf frent	sou met tent	sa cri fi ent
souf frait	sou met tait	sa cri fi ait
souf fraient	sou met taient	sa cri fi aient
tor dre	té moi gner	tran quil li ser
tor dant	té moi gnant	tran quil li sant
tor dent	té moi gnent	tran quil li sent
tor dait	té moi gnait	tran quil li sait
tor daient	té moi gnaient	tran quil li saient
vou loir	ven dan ger	ver ba li ser
vou lant	ven dan geant	ver ba li sant
veu lent	ven dan gent	ver ba li sent
vou lait	ven dan geait	ver ba li sait
vou laient	ven dan geaient	ver ba li saient

EXEMPLES

Qui font voir que les lettres ent ont le même son que l'e muet, à la fin des mots auxquels on peut joindre ils ou elles ; mais qu'elles se prononcent à la fin de tous les autres mots.

Les hom mes s'ai ment
   ra re ment.
Les oi seaux cou vent
   sou vent.
Les da mes s'ex pri ment
   dé li ca te ment.
Les chi mè res se for ment
   ai sé ment.

Les bons li vres s'im pri ment
soi gneu se ment.

Les pe tits en fants s'ac cou tu ment fa ci le ment.

Les hon nê tes gens s'es ti ment mu tu el le ment.

Les pa res seux s'a ni ment dif fi ci le ment.

Les ours se ren fer ment é troi te ment.

Les vieil lards s'en rhu ment fa ci le ment.

INSTRUCTION

Pour les personnes qui enseignent à lire.

Ici commencent les premières lectures suivies, imprimées en caractères romain et italique. On a cru devoir présenter d'abord aux enfants les prières qu'ils doivent réciter tous les jours, et qu'on ne saurait trop tôt leur apprendre. L'unique moyen d'y réussir, c'est de les leur faire lire et relire, jusqu'à ce qu'ils les sachent passablement par cœur : on les a mises d'un côté à sons séparés, de l'autre à sons liés. La première opération prépare à la seconde. Il faut toujours suivre ce procédé, jusqu'à ce que les enfants soient fermes dans la lecture.

Il faut leur faire lire et apprendre également par cœur les pièces de lecture qui se trouvent aux pages 48 et suivantes.

L'O rai son Do mi ni ca le.

No tre Pè re, qui ê tes aux cieux, que vo tre nom soit sanc ti fi é : qne vo tre rè gne ar ri ve : que vo tre vo lon té soit fai te en la ter re com me au ciel : don nez–nous au jour d'hui no tre pain quo ti di en, et nous par don nez nos of fen ses, com me nous par don nons à ceux qui nous ont of fen sés ; et ne nous in dui sez point en ten ta ti on ; mais dé li vrez–nous du mal. Ain si soit–il.

La Sa lu ta ti on An gé li que.

Je vous sa lu e, Ma ri e, plei ne de grâ ces, le Sei gneur est avec vous : vous ê tes bé ni e en tre tou tes les fem mes, et Jé sus, le fruit de vo tre ven tre, est bé ni.

Sain te Ma ri e, mè re de Dieu, pri ez pour nous, pau vres pé cheurs, main te nant et à l'heu re de no tre mort. Ain si soit–il.

Le Sym bo le des A pô tres.

Je crois en Dieu le Pè re tout–puis sant, Cré a teur du ciel et de la ter re, et en Jé sus–Christ son Fils u ni que No tre–Sei gneur, qui a é té con çu du Saint–Es prit, est né de la Vier ge Ma ri e, a souf fert sons Pon ce–Pi la te, a é té cru ci fi é, est mort, a é té en se ve li, est des cen du aux en fers, est res sus ci té le troi si è me jour, est mon té aux cieux, est as sis à la droi te de Dieu le Pè re tout–puis sant, d'où il vien dra ju ger les vi vants et les morts.

L'Oraison Dominicale.

Notre Père, qui êtes aux cieux, que votre nom soit sanctifié : que votre règne arrive : que votre volonté soit faite en la terre comme au ciel : donnez-nous aujourd'hui notre pain quotidien : pardonnez-nous nos offenses, comme nous pardonnons à ceux qui nous ont offensés ; et ne nous induisez point en tentation; mais délivrez-nous du mal. Ainsi soit-il.

La Salutation Angélique.

Je vous salue, Marie, pleine de grâce, le Seigneur est avec vous : vous êtes bénie entre toutes les femmes ; et Jésus, le fruit de votre ventre, est béni.

Sainte Marie, mère de Dieu, priez pour nous, pauvres pécheurs, maintenant et à l'heure de notre mort. Ainsi soit-il.

Le Symbole des Apôtres.

Je crois en Dieu le Père tout-puissant, Créateur du ciel et de la terre, et en Jésus-Christ son Fils unique Notre-Seigneur, qui a été conçu du Saint-Esprit, est né de la Vierge Marie, a souffert sous Ponce-Pilate, a été crucifié, est mort, a été enseveli, est descendu aux enfers, est ressuscité le troisième jour, est monté aux cieux, est assis à la droite de Dieu le Père tout-puissant, d'où il viendra juger les vivants et les morts.

Je crois au Saint-Es prit, la sain te. E gli se ca tho li que, la Com mu ni on des Saints, la ré mis si on des pé chés, la ré sur rec ti on de la chair, la vi e é ter nel le. Ain si soit-il.

La Con fes si on des pé chés.

Je con fes se à Dieu tout-puis sant, à la bien heu reu se Vier ge Ma ri e, tou jours Vier ge, à saint Mi chel Ar chan ge, à saint Jean-Bap tis te, aux A pô tres saint Pier re et saint Paul, à tous les Saints, que j'ai beau coup pé ché par pen sé es, par pa ro les et par ac ti ons : c'est ma fau te, c'est ma fau te, c'est ma très-gran de fau te. C'est pour quoi je sup pli e la bien heu reu se Ma ri e tou jours Vier ge, saint Mi chel Ar chan ge, saint Jean-Bap tis te, les A pô tres saint Pier re et saint Paul, tous les Saints, de pri er pour moi le Sei gneur no tre Dieu.

Les Com man de ments de Dieu.

Un seul Dieu tu a do re ras,
Et ai me ras par fai te ment.

Je crois au Saint-Esprit, la sainte Eglise catholique, la Communion des Saints, la rémission des péchés, la résurrection de la chair, la vie éternelle. Ainsi soit-il.

La Confession des péchés.

Je confesse à Dieu tout-puissant, à la bienheureuse Marie, toujours Vierge, à saint Michel Archange, à saint Jean-Baptiste, aux Apôtres saint Pierre et saint Paul, à tous les Saints, que j'ai beaucoup péché par pensées, par paroles, et par actions : c'est ma faute, c'est ma faute, c'est ma très-grande faute. C'est pourquoi je supplie la bienheureuse Marie toujours Vierge, saint Michel Archange, saint Jean-Baptiste, les Apôtres saint Pierre et saint Paul, tous les Saints, de prier pour moi le Seigneur notre Dieu.

Les Commandements de Dieu.

Un seul Dieu tu adoreras,
Et aimeras parfaitement.

Dieu en vain tu ne ju re ras,
Ni au tre cho se pa reil le ment.
Les Di man ches tu gar de ras,
En ser vant Dieu dé vo te ment.
Tes Pè re et Mè re ho no re ras,
A fin que tu vi ves lon gue ment.
Ho mi ci de point ne se ras,
De fait ni vo lon tai re ment.
Lu xu rieux point ne se ras,
De corps ni de con sen te ment.
Le bi en d'au trui tu ne pren dras,
Ni re tien dras à ton es ci ent.
Faux té moi gna ge ne di ras,
Ni men ti ras au cu ne ment.
L'œu vre de chair ne dé si re ras,
Qu'en ma ri a ge seu le ment.
Bi ens d'au trui ne con voi te ras,
Pour les a voir in jus te ment.

Les Com man de ments de l'E gli se.

Les Fê tes tu sanc ti fi e ras,
Qui te sont de com man de ment.
Les Di man ches la Mes se ou ï ras,
Et les Fê tes pa reil le ment.
Tous tes pé chés con fes se ras,
A tout le moins u ne fois l'an.
Ton Cré a teur tu re ce vras,
Au moins à Pâ ques hum ble ment.
Qua tre-temps, vi gi les jeû ne ras,
Et le Ca rê me en ti è re ment.
Ven dre di chair ne man ge ras,
Ni le sa me di mê me ment.

Dieu en vain tu ne jureras,
Ni autre chose pareillement.
Les Dimanches tu garderas,
En servant Dieu dévotement.
Tes Père et Mère honoreras,
Afin que tu vives longuement,
Homicide point ne seras,
De fait ni volontairement.
Luxurieux point ne seras,
De corps ni de consentement.
Le bien d'autrui tu ne prendras,
Ni retiendras à ton escient.
Faux témoignage ne diras,
Ni mentiras aucunement.
L'œuvre de chair ne désireras,
Qu'en mariage seulement.
Biens d'autrui ne convoiteras,
Pour les avoir injustement.

Les Commandements de l'Eglise.

Les Fêtes tu sanctifieras,
Qui te sont de commandement.
Les Dimanches la Messe ouïras,
Et les Fêtes pareillement.
Tous tes péchés confesseras
A tout le moins une fois l'an.
Ton Créateur tu recevras,
Au moins à Pâques humblement.
Quatre-temps, vigiles, jeûneras,
Et le Carême entièrement.
Vendredi chair ne mangeras,
Ni le samedi mêmement.

La Bé né dic ti on de la Ta ble.

An nom du Père, et du Fils, et du Saint-Esprit.
Ain si soit-il.

Que la main de Jé sus-Christ nous bé nis se,
et la nour ri tu re que nous al lons pren dre.

———

Les Grâ ces.

Au nom du Père, et du Fils, etc.

Nous vous ren dons grâ ces de tous vos
bi en faits, ô Dieu tout-puis sant, qui vi vez
et ré gnez dans tous les siè cles des siè cles.
Ain si soit-il.

———

Idée de Dieu et de son pouvoir sur toutes les
créatures.

Ce Dieu, Maî tre ab so lu de la
    Ter re et des Cieux,
N'est point tel que l'er reur lé fi-
    gu re à nos yeux.
L'É ter nel est son nom, le mon de
    est son ou vra ge.
Il en tend les sou pirs de l'hum ble
    qu'on ou tra ge.
Ju ge tous les mor tels a vec d'é ga-
    les lois,

La Bénédiction de la Table.

Au nom du Père, et du Fils, et du Saint-Esprit.
Ainsi soit-il.

Que la main de Jésus–Christ nous bénisse, et la nourriture que nous allons prendre.

———

Les Grâces.

Au nom du Père, et du Fils, etc.

Nous vous rendons grâces de tous vos bienfaits, ô Dieu tout–puissant, qui vivez et régnez dans tous les siècles des siècles. Ainsi soit–il.

———

Idée de Dieu et de son pouvoir sur toutes les créatures.

Ce Dieu, Maître absolu de la Terre et des Cieux,
N'est point tel que l'erreur le figure à nos yeux.
L'Eternel est son nom ; le monde est son ouvrage.
Il entend les soupirs de l'humble qu'on outrage,
Juge tous les mortels avec d'égales lois,
Et du haut de son Trône interroge les Rois.
Des plus fermes Etats la chute épouvantable,
Quand il veut, n'est qu'un jeu de sa main redoutable.

ESTHER, Tragédie de M. Racine.

Et du haut de son Trône in ter-
 ro ge les Rois.
Des plus fer mes E tats la chu te
 é pou van ta ble
Quand il veut, n'est qu'un jeu de
 sa main re dou ta ble.

Esther, Tragédie de M. Racine.

Au tre i dé e de la tou te-puis san ce de Dieu.

Que peu vent con tre lui tous les
 rois de la ter re ?
En vain ils s'u ni raient pour lui
 fai re la guer re,
Pour dis si per leur li gue il n'a qu'à
 se mon trer ;
Il par le, et dans la pou dre il les
 fait tous ren trer.
Au seul son de sa voix la mer fuit,
 le ciel trem ble ;
Il voit com me un né ant tout l'u-
 ni vers en sem ble ;
Et les fai bles hu mains, vains jou ets
 du tré pas,
Sont tous de vant ses yeux com me
 s'ils n'é taient pas. — *(Même Tragédie.)*

Idée de Dieu et de son pouvoir sur toutes les créatures.

Ce Dieu, Maître absolu de la Terre et des Cieux,
N'est point tel que l'erreur le figure à nos yeux :
L'Éternel est son nom ; le monde est son ouvrage.
Il entend les soupirs de l'humble qu'on outrage :
Juge tous les mortels avec d'égales lois,
Et du haut de son trône interroge les Rois.
Des plus fermes états la chute épouvantable,
Quand il veut, n'est qu'un jeu de sa main redoutable.

AUTRE IDÉE DE LA TOUTE-PUISSANCE DE DIEU.

Que peuvent contre lui tous les Rois de la terre ?
En vain ils s'uniraient pour lui faire la guerre.
Pour dissiper leur ligue il n'a qu'à se montrer ;
Il parle, et dans la poudre il les fait tous rentrer.
Au seul son de sa voix, la mer fuit, le ciel tremble,
Il voit comme un néant tout l'univers ensemble ;
Et les faibles humains, vains jouets du trépas,
Sont tous devant ses yeux comme s'ils n'étaient pas.

AUTRE IDÉE DE LA TOUTE-PUISSANCE DE DIEU.

Que peuvent contre lui tous les Rois de a terre ?
En vain ils s'uniraient pour lui faire la guerre.
Pour dissiper leur ligue il n'a qn'à se montrer ;
Il parle, et dans la poudre il les fait tous rentrer.
Au seul son de sa voix, la mer fuit, le ciel tremble ;
Il voit comme un néant tout l'univers ensemble ;
Et les faibles humains, vains jouets du trépas,
Sont tous devant ses yeux comme s'ils n'étaient pas.

AU TRE MOR CEAU DE M. RA CI NE.

J'ai vu l'im pi e a do ré sur la ter re :
Pa reil au cè dre, il por tait dans les cieux
    Son front au da ci eux :
Il sem blait, à son gré, gou ver nèr le ton—
    nerre ;
Fou lait aux pieds ses en ne mis vain cus.
Je n'ai fait que pas ser, il n'é tait dé jà plus.

POR TRAIT DE L'HY PO CRI TE.

    L'hy po cri te, en frau des fer ti le,
Dès l'en fan ce est pé tri de fard ;
Il sait co lo rer a vec art
Le fiel que sa bou che dis til le ;
Et la mor su re du ser pent
Est moins ai gu ë et moins sub ti le
Que le venin ca ché que sa lan gue ré pand.

STAN CE SUR LA MORT.

La mort a des ri gueurs à nul le au tre pa—
    reil les ;
    On a beau la pri er ;
La cru el le qu'el le est se bou che les o reil les
    Et nous lais se cri er.
Le pau vre en sa ca ba ne, où le chau me le
    cou vre,
    Est sujet à ses lois ;
Et la gar de qui veil le aux bar ri è res du
    Lou vre,
    N'en défend pas nos Rois.

AUTRE MORCEAU DE M. RACINE.

J'ai vu l'impie adoré sur la terre :
Pareil au cèdre, il portait dans les cieux
Son front audacieux.
Il semblait, à son gré, gouverner le tonnerre ;
Foulait aux pieds ses ennemis vaincus :
Je n'ai fait que passer, il n'était déjà plus.

PORTRAIT DE L'HYPOCRITE.

L'hypocrite, en fraudes fertile,
Dès l'enfance est pétri de fard ;
Il sait colorer avec art
Le fiel que sa bouche distille ;
Et la morsure du serpent
Est moins aiguë et moins subtile
Que le venin caché que sa langue répand.

ROUSSEAU.

STANCE SUR LA MORT.

La mort a des rigueurs à nulle autre pareilles :
On a beau la prier,
La cruelle qu'elle est, se bouche les oreilles
Et nous laisse crier.
Le pauvre en sa cabane, où le chaume le couvre,
Est sujet à ses lois ;
Et la garde qui veille aux barrières du Louvre,
N'en défend pas nos Rois.

MALHERBE.

INSTRUCTION

Pour les personnes qui enseignent à lire.

S'il se trouve quelque enfant qui ne sache point lire après ces différentes leçons, il ne faut pas aller plus loin, parce que les règles et les opérations suivantes ne sont destinées qu'à perfectionner la lecture, et à donner aux enfants les premières idées de l'orthographe et de la prononciation. Il n'y a alors d'autre parti à prendre que de faire recommencer à l'élève tardif les éléments de lecture qu'il a déjà vus, simples ou composés, suivant que les premiers essais auront plus ou moins réussi.

On trouve ici, depuis la présente page jusqu'à la page 69, une suite de voyelles et de consonnes simples et composées, placées suivant l'ordre alphabétique, avec des exemples qui rendent familière la différente prononciation de ces voyelles ou consonnes. Il faut faire lire cette partie avec le plus grand soin, et y revenir plus d'une fois. Le plus sûr moyen serait de la faire écrire, dès que les enfants sont en état de modeler leurs lettres.

On a suivi l'ordre alphabétique, pour mettre les élèves en état de trouver aisément chaque lettre ou son, lorsqu'ils se trouveront arrêtés sur quelque prononciation.

Des voyelles longues et des voyelles brèves.

Les voyelles longues sont celles qui se prononcent lentement.	Les voyelles brèves sont celles qui se prononcent promptement.
EXEMPLES.	EXEMPLES.
le hâle	une halle
un mâtin	le matin
un mâle	une malle
une châsse	la chasse
de la pâte	une patte
une tâche	une tache

un hêtre	une herse
un Prêtre	une prêtresse
un gîte	le giron
un goître	un goinfre
un cloître	une cloison
une bûse	un buste
une mûse	une flûte

B.

ai se prononce *è*		*ai* se prononce *è*	
on écrit	on prononce	on écrit	on prononce
j'aimai	j'émé	baisser	bèsser
je donnai	je donné	abaissement	abèssement
je lirai	je liré	biaiser	bièser
je ferai	je feré	caissier	kèssier
		niaiser	nièser
ay se prononce *éy*		mauvais	mauvès
on écrit	on prononce	naître	nètre
crayon	créyon	maître	mètre
rayon	réyon	notaire	notère
payer	péyer	plaire	plère
pays	péys	faire	fère
paysan	péysan		

em a quelquefois le même son qu'*am*.		*en* a quelquefois le même son qu'*an*.	
ambition	empire	avant	avent
ample	emploi	bannir	mentir
flamme	femme	demande	amende
lampe	remplir	frange	fente
tambour	temple	landes	lente

ain, ein, in, ont le même son.	*eau* a le même son que *au*.	
dédain dessein destin	anneau	naufrage
essaim refrein mutin	bateau	taupe
faim feint fin	bedeau	daube
grain plein vin	caveau	vautour

ain, ein, in, ont le même son.	*eau* a le même son que *au.*
humain serein serin	flambeau baume
pain peint pin	gâteau autel
plainte teinte singe	hameau mauve
sainte feinte linge	morceau sauce
saint sein cinq	pinceau sauteur
	rouleau Laudes

aen, eau, ent, aon se prononcent *an;* ils ont le même son dans

Caen, Jean, dent, faon, Laon.

excepté

taon, *qu'on prononce* ton.

---

c.

c se prononce *s* et *k* : il se prononce *k* lorsqu'il est devant une de ces voyelles *a, o, u;* et il se prononce *s* devant ces mêmes voyelles, lorsqu'il y a une cédille sous le *c* (ç).

EXEMPLES.

façade	arcade	maçon	Mâcon
glaçon	balcon	forçat	placard
Provençale	cascade	conçu	vaincu
rançon	flacon	rinçures	rancune
garçon	gascon	aperçu	cuvée

c final ne se prononce point devant une consonne.	*c* final se prononce devant une voyelle.
EXEMPLES.	EXEMPLES.
blanc raisin	du blanc au noir
clerc novice	de clerc à maître
franc fripon	franc étourdi
porc frais	porc épic
marc d'or	Marc Antoine
flanc ténébreux	flanc agité

c se prononce à la fin de plusieurs mots.	c ne se prononce point lorsqu'il est suivi d'une consonne.
EXEMPLES.	Il faut écrire :
almanac estomac	un estomac plein
ammoniac tabac	du tabac d'Espagne
avec bec	
aspic syndic	mais il faut prononcer
escroc estoc	un estoma plein
musc Turc	du taba d'Espagne

che se prononce *ché* et *ke*.	*chre* se prononce *kre*.
EXEMPLES.	EXEMPLES.

che	ke	chrétien
change	archange	saint—Chrême
charité	Eucharistie	chrêmeau
afficher	chœur	chrétiennement
échope	chorographe	Christophe
chocolat	chorus	christianisme
choc	écho	chronique
chute	catéchumène	chronographe
chimie		chronologie
chuchotter		chrysalide
Chinois		chrysolite
écharpe		chrysographe

c se prononce quelquefois *g*.

EXEMPLES.

on écrit	on prononce
second	segond
secondement	segondement
seconder	segonder
secret	segret

d.

d se prononce *t* à la fin des mots, lorsqu'il est suivi d'une voyelle ou d'une *h* non aspirée.

EXEMPLES.

on écrit	on prononce
grand apôtre	grant apôtre
grand écrivain	grant écrivain
grand homme	grant homme
second hyménée	segont hyménée
second article	segont article
quand il boit	quant il boit
quand on veut	quant on veut
vend–il?	vent–il ?
vend–elle?	vent–elle ?
vend–on ?	vent–on ?
se défend–il?	se défent–il ?
perd–elle ?	pert–elle ?
pied–en–cap	piet–en–cap

On supprime le *d* dans le mot *pied*. On dit *mettre pië à terre*, et non pas *piet à terre*.

e.

e est ouvert dans tous les mono-syllabes terminés par une *s*.	*e* est encore ouvert devant quelques consonnes.
Il faut prononcer	appel j'appelle
ces, des, les, mes, ses, tes,	bel belle
	cartel il écartelle
	chancel il chancelle
comme s'il y avait l'accent grave,	hydromel hirondelle
	nouveau nouvelle
cès, dès, lès, mès, sès, tès.	amer cancer
	enfer Jupiter
	hier, fier, mer, etc.

Il y a une exception pour le discours familier : on le prononce fermé, comme s'il y avait l'accent aigu.

on écrit	on prononce
ces livres	cés livres
des gens	dés gens
les femmes	lés femmes
més pieds	més pieds
ses habits	sés habits
tes meubles	tés meubles

eu se prononce comme *u*.

on écrit	on prononce
Eustache	Ustache
à jeun	à jun

e est fermé devant une consonne dans les mots suivants :

on écrit	on prononce
amandier	amandié
barbier	barbié
cordelier	cordelié
damier	damié
épervier	épervié
jardinier	jardinié
ouvrier	ouvrié
pâtissier	pâtissier
savetier	savetié
tâpissier	tâpissié
vitrier	vitrié

---

g.

Dans plusieurs mots, le *g* se prononce avec le son rude radouci.

on écrit	on prononce
stigmates	stig mates
augmenter	aug menter
diaphragme	diaphrag me
énigmatique	énig matique

on écrit	on prononce
inexpugnable	inexpug nable
magnétique	mag nétique
gnôme	g nôme

gn a un son mouillé dans les mots suivants :

assignation
assigner
magnifique

signer
incognito

que l'on prononce comme épargne, épagneul.

H.

h aspirée.	*h* non aspirée.	*h* ne se prononce point quand elle est après une consonne.	
On prononce l'*h* dans les mots suivants :	On ne prononce point l'*h* dans les mots suivants :	on écrit	on prononce
hache	habit	l'heure	leuré
haro	habile	l'histoire	listoire
héros	héroïne	l'honneur	lonneur
hibou	histoire	l'humeur	lumeur
hotte	hôte	théologie	téologie
hûre	heure	adhérer	adérer
housse	horloge	rhéteur	réteur
hautbois	hôpital	Rhin	Rin
houlette	hôtel	Rhône	Rône
Hollande	hostilité	rhubarbe	rubarbe
huguenot	humanité	rhume	rume

I.

Une *l* simple ou deux *ll* précédées de la voyelle *i*, ont un son liquide ou mouillé.

ail	*aille*	*eil*	*eille*
bail	bataille	appareil	abeille
cail	canaille	conseil	corbeille
corail	écaille	orgueil	groseille
détail	futaille	orteil	treille
émail	grisaille	pareil	pareille
gaillard	limaille	réveil	merveille
mail	muraille	sommeil	sommeille
portail	paille	oseil	oseille
sérail	tenaille	vermeil	vermeille
vieillard	volaille	vieil	vieille

il	*ille*	*ouil ouille*	*euil euille*
avril	aiguille	fenouil	Auteuil
chenil	cheville	andouille	Argenteuil
gril	étrille	verouil	Arcueil
fournil	famille	bredouille	cerfeuil
mil (graine)	mandille	citrouille	Choiseuil
nombril	quille	dépouille	écureuil
péril	pointille	gazouille	fauteuil
persil	quadrille	grenouille	feuille
sillon		farfouille	seuil
Exceptions.		gargouille	veuille
Gille	ville	patrouille	
mil (nombre.)	mille	rouille	
subtil	subtile		

M.

m se prononce quelquefois *n*.

EXEMPLES.

m se prononce dans les mots suivants :

on écrit	on prononce		
Ambassade	Anbassade	Amsterdam	exemption
bombarder	bonbarder	amnistie	immodéré
compter	conpter	calomnie	immixtion
combien	conbien	hymne	présomptif
damnation	dannation	indemnité	somptueux
emmener	enmener	immédiat	sympathie
exempter	exenpter	immunité	symptôme
importun	inportun	immuable	somnambule
nombre	nonbre	immodeste	
ombrage	onbrage	immense	
pompeux	ponpeux	immobile	
prompt	pronpt	immoral	
Samson	Sanson	immortel	

EN.

n, à la fin des monosyllabes, se joint toujours à la voyelle suivante et à l'*h* non aspirée.

EXEMPLES.

on écrit	on prononce	on écrit	on prononce
bien adroit	bié n'adroit	on avance	o n'avance
bien instruit	bié n'instruit	l'on instruit	l'o n'instruit
bien ombragé	bié n'ombragé	bon enfant	bo n'enfant
bien utile	bié n'utile	mon ouvrage	mo n'ouvrage
bien habile	bié n'habile	rien en tout	rié n'en tout
bien heureux	bié n'heureux	son ami	so n'ami
bien historié	bié n'historié	ton habit	to n'habit
bien honnête	bié n'honnête	ton honneur	to n'honneur
bien humide	bié n'humide		

OI.

oi se prononce *oi* et *è*.

EXEMPLES.

en *oi*.	en *è*.	en *oi*.	en *è*.
avoir	avoit	roitelet	roide
boire	buvoit	soirée	pensoit
croisée	chantoit	toison	comptoit
devoir	devoit	voirie	liroit
exploit	centuploit	Chinois	connois
foire	foible	Danois	Charolois
gloire	Anglois	S. François	François
histoire	j'étois	Gaulois	Bordelois
mâchoire	mâchoit	Génois	Écossois
noire	connoît	Siamois	Hollandois
poire	coupoit	l'Artois	Béarnois

Il n'y a que l'usage qui apprenne cette différence.

p.

ph se prononce *f.*

EXEMPLES.

Phaëton	phénomène
alpha	prophétique
Pharaon	Amphion
asphalte	philtre
pharmacie	amphibie
emphase	géographie
phrase	philosophie
emphatique	physique
Phébus	métaphore
prophète	phosphore

---

pt se prononce aussi *ps.*

EXEMPLES.

pt	*ps*
aptitude	nuptial
adoptif	adoption
corruptif	corruption
Egypte	Égyptien
inepte	ineptie
présomptif	présomption
optique	option
obreptrice	obreption
souscripteur	souscription

pt se prononce quelquefois simplement *t.*

Apt *ville*	At
baptême	batême
compte	conte

pt se prononce quelquefois simplement *t.*

présomptif	présomtif
somptueux	somtueux
sept	set
septième	setiéme
symptôme	symtôme
sculpteur	sculteur
sculpture	sculture

p se prononce à la fin des monosyllabes, avant une voyelle ou une *h* non aspirée.

EXEMPLES.

trop aimable	trop habile
trop étourdi	trop heureux
trop insolent	trop historié
trop opulent	trop honoré
trop utile	trop humain

p ne se prononce pas avant une consonne ou une *h* aspirée.

trop badin   trop hardi
trop délicat   trop hérissé
trop difficile   trop hideux

trop colère. trop honteux trop dur.

On ne prononce point le *p* dans le mot *loup*.

Q.

q se prononce à la fin des mots *cinq* et *coq*, lorsqu'ils sont avant une voyelle ou une *h* non aspirée.

cinq amandes un coq animé
cinq hommes un coq irrité

q ne se prononce point devant une consonne.

cinq figues   cin figues
cinq pommes   cin pommes
un coq d'Inde   un co d'Inde

que se prononce dans les mots suivants.

on écrit :	on prononce
aquatique	acouatique
équateur	écouateur

on écrit :	on prononce :
équation	écouation
quadragénaire	couadragénaire
quadrangulaire	couadrangulaire
quadragésime	couadragésime
quadrature	couadrature
quadrupède	couadrupède
des in-quarto	des in-couarto

quinqua se prononce *cuincoua* dans les mots suivants.

on écrit :	on prononce :
quinqnagénaire	cuincouagén.
quinquagésime	cuinquagésime
quinconce	cuinconce
Quintilien	Cuintilien
Quinte-Curce	Cuinte-Curce
équestre	écuestre
questeur	cuesteur

R.

r se prononce doucement à la fin des mots, lorsqu'il suit une voyelle ou une *h* non aspirée.

aimer ardemment
servir efficacement
partir incognito
parler obligeamment
se présenter hardiment
arriver heureusement
se retirer honnêtement

r ne se prononce point lorsqu'il est suivi d'une consonne ou d'une *h* aspirée.

on prononce sans *r* :

aimer tendrement
servir proprement
partir secrètement
parler facilement
se présenter hardiment
publier hautement
se retirer honteusement

s.

deux *ss* entre deux voyelles se prononcent toutes deux.

basse	moisson
bassin	poisson
boisseau	rosse
buisson	ruisseau
casser	tasse
chausse	vassal
coussin	châsse
écrevisse	ressusciter
massue	pressentir

s, entre deux voyelles, à le son d'un *z*.

base	maison
basin	poison
oiseau	rose
oison	roseau
causer	extase
chose	vase
cousin	
église	on excepte
masure	préséance

s, précédé d'une consonne, se prononce *se*.

danse	persécuté
défense	sensé, etc.

excepté dans les mots

transiger transaction transition

s se prononce à la fin des mots lorsqu'il suit une voyelle ou une *h* non aspirée.

bons amis	leurs amis
grands enne-	les ennemis
mis	nos enfants
gros intérêts	bonnes affai-
petits objets	res
anciens usa-	tes offres
ges	ses appas
longues habi-	tous ensem-
tudes	ble
premiers hon-	très éloquent
neurs	très honnête
après eux	vous et moi
mes ouvrages	ils iront
tes officiers	elles en sont
les affronts	

Exception pour le discours familier, où l'on dit sans *s* :

sages et vertueux
belles et bonnes
bonnes à manger
douces au goût

comme s'il y avait :

sage et vertueux
belle et bonne
bonne à manger
douce au goût

s se prononce toujours à la fin des mots

Agnus	Iris
Bacchus	Mars
Bolus	Momus
Cadmus	Phalaris
Crésus	Pirithoüs
Darius	Romulus
Danaüs	Sémiramis

4*

s se prononce *sq* dans les mots suivants :	*sc* se prononce *sc* dans les mots suivants :
scaramouche Scot	scélérat science
scapulaire scorbut	scène sciure
Scamandre scorpion	sceptre scions
scandale sculpteur	scier faisceaux
scarifier scrupule	
Scaron scrutin	on écrit on prononce
Scribe	schisme chisme

---

t.

Quelquefois *t* ne se prononce point à la fin des mots.

EXEMPLES.

on écrit	on prononce
avant	avan eux
aspect	aspec agréable
district	distric étendu
instinct	instinc admirable
respect	respec infini
suspect	suspec en tout

t se prononce à la fin des mots, lorsqu'il suit une voyelle ou une *h* non aspirée.

EXEMPLES.

fort aimable
fort entier
tout entier
cent hommes
petit ignorant
savant écrivain
savant homme
fait inconnu

t ne se prononce point lorsqu'il suit une consonne ou une *h* aspirée.

EXEMPLES.

fort content
fort honteux
tout nouveau
tout hors d'haleine
petit faquin

Il faut aussi dire sans *t*

un fort impénétrable
un enfant instruit
un port à couvert
savant et poli, etc.

tia se prononce aussi *cia*.

EXEMPLES.

Astianax	Abbatial
bestial	initial
bestialité	Martial
tiare	nuptial

tie se prononce aussi *cie.*

EXEMPLES.

amnistie   aristocratie
amitié   balbutier
amortie   démocratie
hostie   essentiel
moitié   ineptie
ortie   initier
partie   minutie
rôtie   prophétie

tio se prononce aussi *cio.*

EXEMPLES.

bastion   action
combustion   collation
gestion   faction
question   nation

tieux se prononce toujours *cieux.*

EXEMPLES.

ambitieux   factieux
captieux   minutieux
facétieux   séditieux

tien se prononce toujours *tien.*

EXEMPLES.

Chrétien   maintien
entretien   soutien

à l'exception des mots

Capétien   Egyptien
Dioclétien   Vénitien
Gratien

U.

u forme un son séparé de l'*i*, dans les mots suivants :

Ambiguité, aiguille, aiguiser, appui, autrui, aujourd'hui, buisson, conduire, cuivre, fluide, instruire, luire, muids, nuire, puise, ruine, suivre, suicide, traduire, etc.

L'*u* se confond avec l'*i* dans les mots suivants.

Anguille, béguine, béquille, bourguignon, déguiser, figuier, guide, guider, Guillaume, guillemet, guise, sanguinaire, vuide, vider, etc.

X.

x se prononce *qs* dans les mots suivants.	et le son d'une *s* dans le mot suivant
Alexandre auxiliaire Alexis fixer axiome taxer	**Xaintonge**

x se prononce *gz* dans les mots suivants.

x a le son de *z* dans les mots suivants.

examen exiler exaucer exhorte exemple exhume	on écrit	on prononce :
	sixain sixième dixième	sizain sizième dizième

x a le son de deux *ss* dans les mots suivants.

Auxerre Bruxelles soixante	beaux yeux officieux ami généreux en- précieux offi- nemis fice

Z.

z rend fermé l'*e* qui le précède dans les mots suivants.	*z* rend ouvert l'*e* qui le précède dans les mots suivants.
allez–y venez–y	Sanchez Rodriguez

Y.

y a le son de deux *ii* entre deux voyelles.	*y* n'a que le son d'un *i* entre deux consonnes.
aboyer larmoyer bégayer moyen crayonner noyer employer payer foyer rayonner	amygdales Olympe collyre physique diachylon sylphide hydropisie sympathie nymphe symptôme

y se prononce *ye* dans les mots
Cayenne, Mayence.

Lorsqu'une voyelle a deux points, elle doit être prononcée séparément de celle qui la précède.

EXEMPLES.

athéïsme	Judaïque	païs	Raphaël
Caïn	laïque	poële	Saül
déïste	Moïse	Pirithoüs	stoïcien
haïr	naïf		

INSTRUCTION

Pour les personnes qui enseignent à lire.

Pour mieux faire connaître aux enfants les voyelles longues et celles qui sont brèves, il faut enfin leur mettre sous les yeux un petit extrait du traité qu'en a fait M. l'Abbé d'Olivet. C'est un ouvrage précieux, qui devrait être entre les mains de tous ceux qui ont le goût de notre langue.

M. l'abbé d'Olivet divise les voyelles en longues, brèves et douteuses; mais pour ne point embarrasser les enfants, on ne les divise ici qu'en longues et brèves.

PROSODIE FRANÇAISE.

—

A, *première lettre de notre* alphabet, long.
Un petit a.
un grand a.
une pause d'a. *
il ne sait ni a ni b.

A, long *dans* âcre, âge, agnus, âme, âne, anus, âpre, etc.

ABE, long *dans* Arabe, astrolabe.

ABLE. long *dans* câble, diable, érable, fable, râble, sable, on accable, il hâble.

ABR, toujours long, cinabre, sabre, il se cabre, délabrer, se cabrer.

ACE, long *dans* espace, grâce, on lace, on délace, on entrelace.

A, *préposition et verbe*, est bref.
Je suis à Paris.
j'écris à Rome.
il a été.
il a parlé.

A, bref *dans* Apôtre, apprendre, altéré, il chanta, etc.

AB, bref *dans* syllabe, syllabaire.

ABLE, bref *dans* aimable, capable, durable, raisonnable, table, étable.

AC, toujours bref : almanac, bac, sac, estomac, tillac.

les pluriels toujours longs.

AC, bref *dans* audace, glace, préface, tenace, vorace, place.

M. Despréaux ne connaissait point sans doute cette délicatesse, lorsqu'il a fait rimer *préface* avec *grâce* :

> Un auteur à genoux, dans une humble *préface,*
> Au lecteur qu'il ennuie à beau demander *grâce.*

---

* *Panse* veut dire *ventre,* et signifie ici la partie de la lettre qui avance.

ACHE, long *dans* lâche, gâche, tâche, se fâcher, mâcher, relâcher, etc.

ACLE, toujours long : râcler, oracle, miracle, obstacle, spectacle, tabernacle.

ACRE, long *dans* âcre, piquant, sacre, oiseau.

ADRE, long *dans* cadre, escadre, quadrer, encadrer, madré.

AFLE, long *dans* rafle, je rafle, rafler, érafler.

AGE, long *dans* âge.

AGNE, long *dans* je gagne, gagner.

AIGRE, long *dans* maigre, maigreur.

AILLE, long *dans* bataille, caille, maille, railler, rimailler, etc.

ACHE, bref *dans* tache, moustache, vache, Eustache, vache, il se cache, etc.

ACRE, bref *dans* acre de terre, diacre, nacre, sacre du Roi.

ADE, toujours bref : aubade, cascade, fade, sérénade, il persuade, etc.

ADRE, bref *dans* ladre.

AFFE, APHE, AFFRE, toujours bref : caraffe, épitaphe, agraffe, balafre, etc.

AGE, bref *dans* rage, page.

AGNE, bref *dans* compagne, Ascagne.

AGUE, bref *dans* bague, dague, vague, extravaguer, etc.

AIGNE, toujours bref : chataigne, baigner, daigne, saigner.

AIGRE, bref *dans* aigre, vinaigre.

AIL, bref *dans* bercail, étail, éventail, etc. *Les pluriels longs.*

AILLE, bref *dans* médaille, émailler, travailler, *et aux indicatifs :* je détaille, j'émaille, je bataille.

AILLON, long *dans* bataillon, haillon, penaillons, nous taillons.

AINE, long *dans* chaîne, gaîne, je traîne.

AIRE, long *dans* une aire, chaire, une paire, il éclaire.

AIS, AISE, AISSE, toujours longs : palais, plaise, caisse, qu'il plaise.

AIT, AITE, longs *dans* il plaît, il naît, il paît, faîte, attraits, parfaits, etc.

ALE, long *dans* hâle, pâle, mâle, râle, râler, hâler, pâleur, etc.

AME, AMME, longs *dans* âme, infâme, flamme, blâme, nous aimâmes, nous chantâmes, *et tous les prétérits* en âmes.

ANE, ANNE, AMNE, longs *dans* crâne, les mânes, de la manne, damner, condamner.

APE, long *dans* râpe, râpé, râper.

ARE, ARRE, longs *dans* avaré, barbare, barre, bizarre, je m'égare, tiare, barreau, barrière, larron, carrosse, carrière.

AILLET et AILLIR, toujours brefs : maillet, paillet, jaillir, assaillir.

AILLON, bref *dans* bataillon, médaillon, émaillons, détaillons, travaillons, etc.

AINE, bref *dans* fontaine, plaine, capitaine, hautaine, souveraine.

AIR, bref *dans* l'air, chair, éclair, pair.

AIT, AITE, brefs *dans* attrait, il fait, lait, parfait, parfaite, retraite.

AL, ALE, ALLE, brefs *dans* royal, bal, moral, cigale, malle, scandale, etc.

AME, AMME, brefs *dans* dame, épigramme, estame, rame, enflammer, j'enflamme, etc.

ANE, ANNE, brefs *dans* cabane, organe, organiste, panne, pannetier.

APE, APPE, brefs *dans* Pape, frappe, frapper, sappe, sapper.

ARE, ARRE, bref *dans* avare, barbare, je m'égarais, amarrer, etc.

Ave, long *dans* conclave, entrave, grave, je pave, etc.

Av, Ave, brefs *dans* conclaviste, gravier, aggraver, paveur, etc.

E.

Ecs, long *dans* les Grecs, les échecs.

Ec, bref *dans* sec, Grec, échec.

Eble, Ebre, Ece, brefs *dans* hièble, funèbre, nièce, pièce.

Eche, long *dans* bêche, lèche, grièche, revêche, pêche, *fruit, ou l'action de prendre le poisson.*

Eche, bref *dans* calèche, flèche, flamèche, sèche, brèche, péché, pécher.

Ecle, Ede, Eder, brefs *dans* siècle, tiède, remède, céder, posséder, etc.

Ée, toujours long *à la fin des mots* pensée, aimée ; *et ainsi des autres voyelles suivies d'un* e *muet.* lie, jolie, unie, etc.

Ef, Effe, longs *dans* chef, bref, greffe, etc.

Ef, Effe, bref *dans* chef, bref, effet, etc.

Éfle, long *dans* nèfle.

Effle, bref *dans* trèffle.

Ege, long *dans* collége, sacrilége, siége, etc.

Ege, Egle, Eigle, brefs *dans* léger, règle, seigle, etc.

Egne, long *dans* règne, duègne, etc.

Egne, Eigne, brefs *dans* impreigne, peigne, enseigne.

Egre, Egue, brefs *dans* alléguer, bègue, collègue, intègre, nègre, etc.

Eil, Eille, longs *dans* vieil, vieillard, vieillesse.

Eil, Eille, brefs *dans* soleil, abeille, sommeille, etc.

5

EIN, EINT, longs *au pluriel :* dépeints, desseins, sereins.	EIN, EINT, brefs *dans* atteint, dépeint, dessein, serein, etc.
EINE, long *dans* reine.	EINE, presque bref *dans* peine, veine.
EINTE, toujours long : atteinte, dépeinte, feinte, etc.	
EITRE, long *dans* reitre.	
ELE, ELLE, longs *dans* zèle, poêle, frêle, pêle-mêle, il grêle, il se fêle, parallèle.	ELE, ELLE, brefs *dans* modèle, fidèle, immortelle, rebelle, etc.
EM, EN, longs *dans* temple, exemple, gendre, prendre, cimenter, tenter.	EM, EN, brefs *lorsque la consonne est redoublée*, *comme dans* emmener, ennemi, etc., *et à la fin des mots* item, amen, examen, hymen, Bethléem.
EME, long *dans* apózème, baptême, chrême, diadême.	EM, bref *dans* je sème, tu sèmes, il sème, etc.
ENE, ENNE, longs *dans* alène, chêne, scène, gêne, frêne, Athènes, antennes.	EN, ENN, brefs *dans* qu'il apprenne, étrenne, phénomène, qu'il prenne, etc.
EP, EPR, longs *dans* crêpe, guêpe, vêpres.	EPR, bref *dans* lèpre, lépreux, etc.
	EPT, EPTR, toujours brefs : il accepte, sceptre, spectre, précepte.
EQUE, long *dans* évêque, archevêque.	EC, ECQ, brefs dans grecques, bibliothèque, obsèques.
ER, long *dans* amer, enfer, hiver, verd, léger, etc.	ER, bref *dans* Jupiter, Esther, *et dans les infinitifs* louer, manger, etc.
	ERC, bref *dans* clerc, etc.
ER, ERR, longs *dans* chimère, père, il espère, sincère, perruque, nous verrons.	ER, ERR, brefs *dans* chimérique, espérer, sincérité, erreur, erroné, errata, etc.

Ese, long *dans* il pèse. — Ese, bref *dans* pèse-t-il.

Esse, long *dans* abbesse, professe, compresse, on me presse, expresse, cesse, messe. — Esse, bref *dans* caresse, paresse, tendresse, adresse, etc.

Este, Estre, brefs *dans* modeste, leste, terrestre.

Et, Est, longs *dans* arrêt, benêt, forêt, genêt, prêt, apprêt, acquêt, intérêt, têt, protêt, il est, etc. *et dans les pluriels.* — Et, bref *dans* cadet, bidet, sujet, hochet, marmouzet, etc.

Eté, long *dans* bête, fête, honnête, tempête, quête, arête, etc. — Eté, bref *dans* prophète, poète, comète.

Etre, long *dans* être, ancêtre, salpêtre, fenêtre, prêtre, hêtre, champêtre, guêtre, je me dépêtre. — Etre, Ettre, brefs *dans* diamètre, il pénètre, lettre, mettre, etc.

Eule, long *dans* meule, veule, etc. — Eule, bref *dans* seule, gueule, etc.

Eune, long *dans* jeûne, *abstinence.* — Eune, bref *dans* jeune, *en parlant de la jeunesse.*

Eure, long *dans* cette fille *est* majeure ; *j'attends depuis une* heure. — Eure, bref *dans* la majeure part, une heure entière.

Evre, long *dans* orfèvre, lèvre, chèvre, lièvre. — Eer, Evre, brefs *dans* levrette, chévrier, levraut, chevreuil.

I.

Idre, Ydre, longs *dans* cidre, hydre. — Ydre, bref *dans* hydromel, *et partout ailleurs.*

Ie, long *dans* il crie, il prie, vie, saisie. — Ie, bref *dans* crier, prier, etc.

IGE, long *dans* tige, prodige, litige, je m'oblige, il s'afflige.

IGE, bref *dans* obliger, s'affliger, etc.

ISLE, long *dans* isle, presqu'isle, etc.

ISLE, bref *partout ailleurs.*

IRE, long *dans* empire, cire, écrire, il soupire, il désire.

IRE, bref *dans* soupirer, désirer, etc.

ITE. ITRE, longs *dans* bénite, gîte, regître, vîte, etc.

ITE, ITRE, brefs *dans* bénitier, réitérer, titre, arbitre, etc.

IVE, IVRE, longs *dans* tardive, captive, Juive, ivre, vivre, etc.

IVE, IVRE, brefs *dans* captiver, captivité, ivresse, etc.

O.

O, long *dans* oser, osier, ôter, hôte, etc.

O, bref *partout ailleurs et au commencement des mots* hôtel, hôtellerie.

OBE, long *dans* globe, lobe, etc.

OB, OBE, brefs *dans* globule, obélisque, *et partout ailleurs.*

ODE, long *dans* rôder, je rôde,

ODE, bref *dans* mode, antipode.

OGE, long *dans le seul mot* Doge.

OGE, bref *dans* éloge, horloge, déroger, *et partout ailleurs.*

OGNE, long *dans* je rogne.

OGNE, bref *dans* trogne, Bourgogne, *et partout ailleurs.*

OIN, long *dans* oint, moins, joindre, pointe.

OIN, bref *dans* loin, besoin, moins, jointure, appointé.

OIR, OIRE, longs *dans* boire, gloire, dortoir, histoire, mémoire.

OIR, OIRE, bref *dans* espoir, terroir, territoire, écritoire.

OI, toujours long *à la fin d'un mot* : Gaulois, bourgeois, François.

OL, long *dans* drôle, geôle, môle, contrôle, rôle, il enjôle, il enrôle.

OM, ON, longs *lorsque l'm ou l'n n'est pas redoublée,* comme *dans* bombe, conte, monde, etc.

OME, ONE, longs *dans* atôme, axiôme, amazône, etc.

OR, ORPS, ORS, long *dans* encore, hors, corps, pécore, je décore.

OT, long *dans* dépôt, impôt, prévôt, entrepôt, rôt, tôt.

OT, long *dans* côte, côté, hôte, j'ôte, note, maltôte.

OTRE, long *avec l'accent circonflexe* : le nôtre, le vôtre, Apôtre.

OUE, OUDRE, longs *dans* il loue, roue, moue, poudre, résoudre.

OUILL, long *dans* rouille, j'embrouille, il débrouille, etc.

OURRE, long *dans* de la bourre, il bourre, il fourre, qu'il courre.

OUSS, long *dans* pousser, je pousse, etc.

OIS, bref *dans* bourgeoisie, foison, foisonner.

OL, OLE, OLLE, brefs *dans* geolier, contrôleur, rollet, il vole (*il dérobe*).

OM, ON, brefs *lorsque l'm ou l'n est redoublée,* comme *dans* sommeil, connaître, monnaie, je sonnais.

OMM, ONN, brefs *lorsque la consonne est redoublée,* somme, pommé, consonne, couronne, etc.

OR, ORE, brefs *dans* encor, décoré, évaporé, etc.

OT, bref *dans* despote, impotent, député, rôti, prévotal.

OT, bref *lorsque la consonne est redoublée,* hotte, cotte, *et dans les mots* flotte, note, motet, etc.

OTR, bref *lorsqu'il n'a point d'accent* : notre ami, votre affaire.

OUL, OUDRÉ, OUÉ, brefs *dans* moulu, poudré, loué, roué, etc.

OUILL, bref *dans* rouillé, brouillon, brouillard, etc.

OURR, bref *dans* bourrade, courrier, rembourré, etc.

OÜS, OÜSS, brefs *dans* tousser, je tousse, coussin, etc.

Our, long *dans* joûte, je goûte, croûte, voûte, il se dégoûte.

Our, bref *dans* ajoûter, coûter, couteau, il doute.

Outr, long *dans* coutre, poutre.

Outr, bref *dans* outre, outrance, *et partout ailleurs.*

U.

Uch, long *dans* bûche, embûche, on débuche, etc.

Uch, bref *dans* bûcher, bucheron, débucher, etc.

Ue, toujours long : vue, cohue, tortue, on distribue, etc.

Ue, *presque* bref *dans le mot* écuelle.

Ug, long *dans* déluge, refuge, juge, ils jugent.

Ug, bref *dans* juger, refugier, etc.

Ul, long *dans* brûler, je brûle.

Ull, Ul, brefs *dans* bulle, mule, etc.

Um, Ums, Un, long *dans* humble, j'emprunte, parfums, bruns, nous reçumes, nous ne pûmes, etc.

Um, Umb, Un, brefs *dans* hnmblement, brume, parfumé, brune, pétun, pétuné, un, une, dunes, lunes.

Ur, long *dans* augure, parjure, on assure, etc.

Ur, bref *dans* augurer, parjurer, assurer, etc.

Us, long *dans* excuse, je récuse, muse, ruse, incluse, etc.

Us, bref *dans* excuser, récuser, réfuser, etc.

Uss, long *dans* je pusse, je connusse, ils accourussent, etc.

Us, Uc, bref *dans* aumusse, astuce, puce, etc.

Ut, long *dans tous les verbes au subjonctif :* qu'il mourût; *et dans le seul mot* fût *de tonneau ,* etc.

Ut, bref *dans tous les verbes à l'indicatif,* il fut, il mourut, *et dans les substantifs* affut, scorbut, etc.

INSTRUCTION

Pour les personn s qui apprennent à lire.

La page présente offre un petit tableau de chiffres Romains et Arabes, depuis un jusqu'à mille. Il faut donner de bonne heure ces notions aux enfants pour les initier au calcul et à la numération : ce travail est l'affaire de la main , soit au crayon , soit à la plume.

Cette leçon est suivie de l'explication des abréviations qui se rencontrent souvent dans les livres et dans les gazettes. Il ne faut point négliger de les leur faire connaître : on leur épargnera par-là la mortification de se trouver arrêtés, quand les abréviations se présentent.

CHIFFRES ROMAINS ET ARABES.

Romain.		Arabe.	Romain.		Arabe.
I	un	1	XXI	vingt-un	21
II	deux	2	XXII	vingt-deux	22
III	trois	3	XVIII	vingt-trois	23
IV	quatre	4	XIV	vingt-quatre	24
V	cinq	5	XXX	trente	30
VI	six	6	XL	quarante	40
VII	sept	7	L	cinquante	50
VIII	huit	8	LX	soixante	60
IX	neuf	9	LXX	soixante-dix.	70
X	dix	10	LXXX	quatre-vingt	80
XI	onze	11	XC	quatre-vingt-dix	90
XII	douze	12	C	cent	100
XIII	treize	13	CXX	cent vingt	120
XIV	quatorze	14	CL	cent cinquante	150
XV	quinze	15	CC	deux cents	200
XVI	seize	16	CCC	trois cents	300
XVII	dix-sept	17	CD	quatre cents	400
XVIII	dix-huit	18	D	cinq cents	500
XIX	dix-neuf	19	DC	six cents	600
XX	vingt	20	M	mille	1000

ABRÉVIATIONS

*Qui se rencontrent le plus ordinairement dans les livres,
et principalement dans les gazettes.*

J.-C.	Jésus-Christ.
N.-S. J.-C.	Notre-Seigneur Jésus-Christ.
S. M.	Sa Majesté.
LL. MM.	Leurs Majesté, le Roi et la Reine.
V. M.	Votre Majesté, en parlant au Roi.
LL.H.P.	Leurs Hautes Puissances, en parlant de la Hollande; on dit encore, en parlant d'elle,
L. É. G.	Les États-Généraux.
L. P. O.	La porte Ottomane, ou simplement la Porte. C'est la Cour du Grand Seigneur.
Mgr.	Monseigneur.
Mad.	Madame.
Mesd.	Mesdames.
Mlle.	Mademoiselle.
N. D.	Notre-Dame, la sainte Vierge.
Le P.R.	Le Prince Royal, le fils aîné du Roi de France, celui de Suède, et celui du Roi de Prusse.
La R.P.R.	La Religion Prétendue Réformée.
S. A.	Son Altesse. } C'est le titre des Princes
V. A.	Votre Altesse.) et Princesses du Sang.
S. A. Elect.	Son Altesse Electorale. C'est le titre des Princes Electeurs de l'Empire.
S. A. Em.	Son Altesse Eminentissime, en parlant d'un Cardinal.

S. A. R.	Son Altesse Royale ; c'est le titre des Princes et des Princesses du Sang.

Nota. C'est aussi le titre des Electeurs qui sont Rois , quand on n'en parle que comme Electeurs.

S. A. S.	Son Altesse Sérénissime.
V. A. S.	Votre Altesse Sérénissime , en parlant aux Princes.
S. Em.	Son Eminence. ⎫ En parlant d'un ou
V. Em.	Votre Eminence. ⎭ à un Cardinal.
S. Exc.	Son Excellence. ⎫ En parlant aux Ambassadeurs et Plénipotentiaires.
V. Exc.	Votre Excellence. ⎭
S. G.	Sa Grandeur.
V. G.	Votre Grandeur.
S. H.	Sa Hautesse, en parlant de l'Empereur des Turcs.
S. M. T. C.	Sa Majesté Très-Chrétienne , le Roi de France.
S. M. B.	Sa Majesté Britannique , le Roi d'Angleterre.
S. M. C.	Sa Majesté Catholique , le Roi d'Espagne.
S. M. D.	Sa Majesté Danoise , le Roi de Danemarck.
S. M. Imp.	Sa Majesté Impériale, l'Empereur.
S. M. Nap.	Sa Majesté Napolitaine , le Roi de Naples.
S. M. Pol.	Sa Majesté Polonaise , le Roi de Pologne.
S. M. Port.	Sa Majesté Portugaise , le Roi de Portugal.
S. M. Pr.	Sa Majesté Prussienne , le Roi de Prusse.
S. M. Suéd.	Sa Majesté Suédoise , le Roi de Suède.

5*

S. S.	Sa Sainteté, le Pape.
M. S.	Votre Sainteté, en lui parlant.
Le S. P.	Le Saint Père, en parlant du Pape.
V. G.	Votre Grandeur, en parlant aux Archevêques, Evêques, Ministres, Ducs, Généraux d'armée.
Don *ou* Dom.	Mot espagnol, qui signifie *Monsieur*. On donne ce nom aux Bénédictins, Chartreux et Barnabites.
Le T. R. P.	Le Très Révérend Père, ou le Révérendissime Père : on donne ce titre aux Religieux distingués dans leur Ordre.
La R. M.	La Révérende Mère : on donne ce titre aux Religieuses ; elles se le donnent elles-mêmes entr'elles.

Fin de la première Partie.

SECONDE PARTIE.

INSTRUCTION

Pour les personnes qui apprennent à lire.

On a renfermé, dans la première Partie des *vrais Principes de la Lecture,* tout ce qui regarde la prononciation de la Langue française : on s'est attaché, dans cette seconde Partie , à donner aux jeunes personnes une idée de nos connaissances. Les pages suivantes contiennent une suite de pièces de lecture sur différents sujets rangés suivant l'ordre alphabétique. On n'a eu d'autre objet que de donner aux enfants de simples notions relatives aux arts, aux sciences, à la religion, à la guerre, au commerce, et généralement à tout ce dont il est nécessaire et agréable d'avoir quelques idées nettes et précises.

Il serait important, pour un enfant, que son maître s'arrêtât avec lui à considérer chacun de ces différents objets, et à les retourner, pour ainsi dire, sous ses yeux: ce sont autant de germes qui, jetés adroitement dans l'esprit, sont bien propres à l'enrichir et à lui donner de la fécondité.

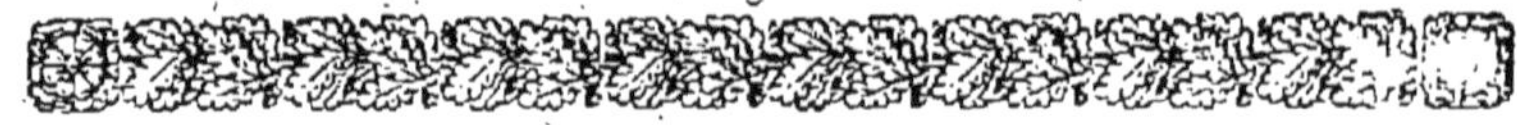

Petites Pièces de Lecture.

AGRICULTURE.

L'AGRICULTURE est, comme le mot le fait assez entendre, l'art de cultiver la terre. Cet art est le premier, le plus utile et le plus étendu, et peut-être le plus essentiel des arts. Il a fait presque l'unique emploi des Patriarches, les plus respectables de tous les hommes par la simplicité de leurs mœurs, la bonté de leur âme et l'élévation de leurs sentiments. Il a fait les délices des plus grands hommes chez les peuples anciens.

Les fruits de la terre sont la première et la plus utile de toutes les richesses.

ALGÈBRE.

L'ALGÈBRE est la méthode de faire en général le calcul de toutes sortes de quantités, en les représentant par des signes très-universels. On a choisi pour ces signes les lettres de l'alphabet, comme étant d'un usage plus facile et plus commode qu'aucune autre sorte de signe. On se sert de ce calcul pour la solution des problèmes mathématiques. L'algèbre est proprement la méthode de calculer les quantités indéterminées;

c'est une sorte d'arithmétique par le moyen de laquelle on calcule les quantités inconnues, comme si elles étaient connues.

ANATOMIE.

C'est la connaissance des parties solides qui entrent dans la composition du corps humain. Cette connaissance est nécessaire à celui qui est préposé par état au rétablissement de quelqu'une de ces parties, si elle vient à se déranger.

ARITHMÉTIQUE.

L'arithmétique est l'art de nombrer ou de considérer les propriétés des nombres. Elle sert à calculer exactement, facilement et promptement.

Quatre grandes règles ou opérations, appelées l'Addition, la Soustraction, la Multiplication et la Division, composent proprement toute l'Arithmétique.

ARTS ET MÉTIERS.

Les arts, comme toutes les autres inventions humaines, furent d'abord très imparfaits ; ce n'est qu'en parcourant les siècles qu'ils ont acquis un si haut degré de perfection. Réunissant l'agréable à l'utile, ils se sont introduits chez tous les peuples policés.

On a appelé Arts libéraux la Peinture, la Sculpture, l'Architecture, la Gravure et la Musique. Ils doivent leur plus beau lustre aux cultes religieux, mais surtout à la religion chrétienne, ensuite au penchant naturel que les hommes ont eu pour perpétuer les grandes actions, ou pour embellir et orner les objets dont ils se servaient.

On a appelé Arts mécaniques ceux qui sont plus l'ouvrage de la main que de l'esprit.

ARCHITECTURE.

Si l'on veut bâtir solidement une maison, la rendre commode et l'orner avec goût, il faut se rendre familières les règles de l'Architecture. Les Architectes, avant que de commencer un bâtiment, en tracent sur le papier le plan et les élévations.

On appelle Architecture civile l'art de construire les maisons, comme on appelle Architecture militaire l'art de fortifier les places. Les ouvriers employés aux bâtiments travaillent sous les ordres de l'Architecte.

On compte six ordres d'architecture, savoir : le Toscan, le Dorique, l'Ionique, le Corinthien, le Composite et le Gothique.

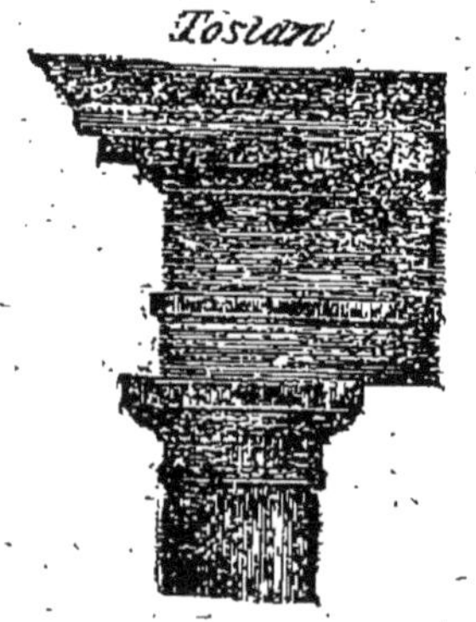

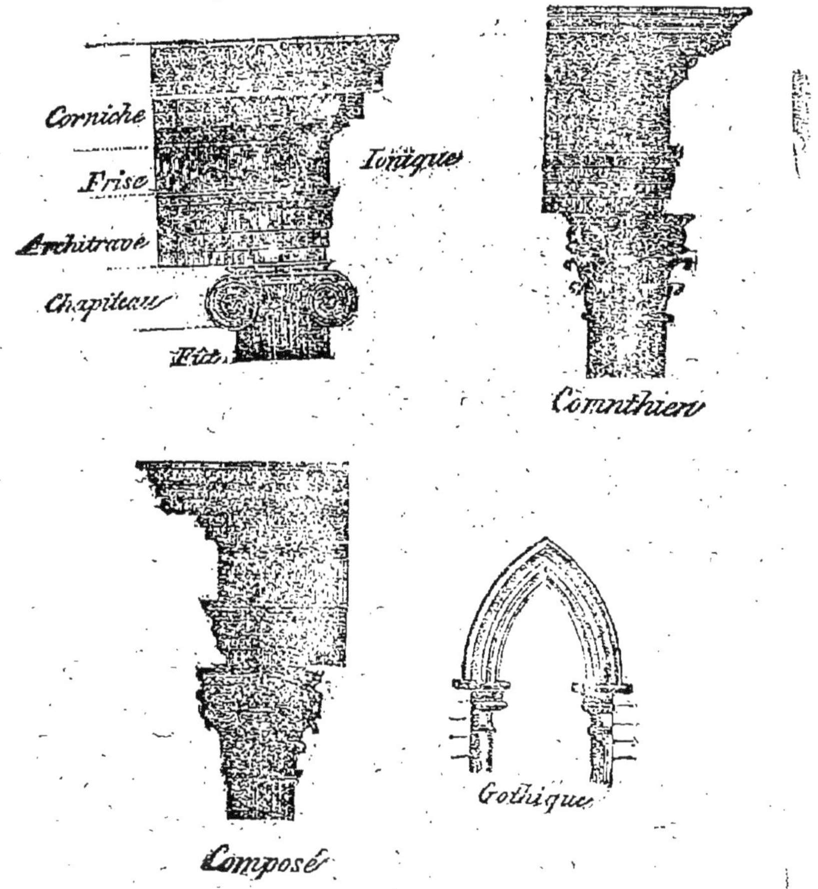

ARTILLERIE.

L'ARTILLERIE comprend toutes sortes d'armes à feu, comme Canons, Mortiers, Bombes, fusils, Carabines, Pistolets, etc.; elle sert à attaquer et à défendre les places fortes.

La Pyrotechnie ou l'art des feux d'artifice, avec tous les instruments et l'appareil qui lui sont propres, s'appelle aussi Artillerie.

ASTRONOMIE.

L'Astronomie est la connaissance des corps célestes. Elle apprend à connaître ces corps, leurs grandeurs, leurs mouvements, la distance entre eux et la terre, leurs périodes, les éclipses, etc. L'étude de la Sphère est utile aux Astronomes.

ASTROLOGIE.

L'Astrologie, dans son origine, n'était autre chose que l'Astronomie. Aujourd'hui on a appelé Astrologues ceux qui professent l'art prétendu d'annoncer par le moyen des astres les évènements, avant qu'ils arrivent. Mais cette prétendue science ne doit inspirer que du mépris.

BELLES-LETTRES.

Connaitre les ouvrages des auteurs qui ont écrit en prose ou en vers, dans quelque langue que ce soit, c'est savoir les Belles-Lettres. On donne le titre d'hommes lettrés à ceux qui ont lu avec réflexion et qui ont retenu ce qu'il y a de meilleur dans les livres. Rien ne fait tant d'honneur que d'être en état de citer à propos quelques vers ou quelques phrases d'un auteur; et c'est ce qu'on appelle avoir de l'érudition.

BLAZON.

Chaque Royaume, chaque Ville, chaque Communauté, chaque famille a une marque particulière qu'on grave, qu'on brode, qu'on peint sur ce qui leur appartient; ces marques sont connues sous le nom d'armes ou d'armoiries.

L'art héraldique ou le Blazon, qui apprend à nommer en termes propres et particuliers toutes les parties qui composent ces armoiries, consiste principalement à connaître les traits ou hachures dont on est convenu pour représenter les métaux et les couleurs. Ainsi l'or se marque par des points, fig. 1. L'argent est tout blanc, 2. Le bleu ou azur se représente par des lignes horizontales, 3. Le gueule ou rouge par des traits perpendiculaires, 4. Le sinople ou vert par des lignes diagonales de droite à gauche, 5. Le pourpre ou violet par des lignes aussi diagonales de gauche à droite, 6. Le sable ou noir par des lignes croisées, 7.

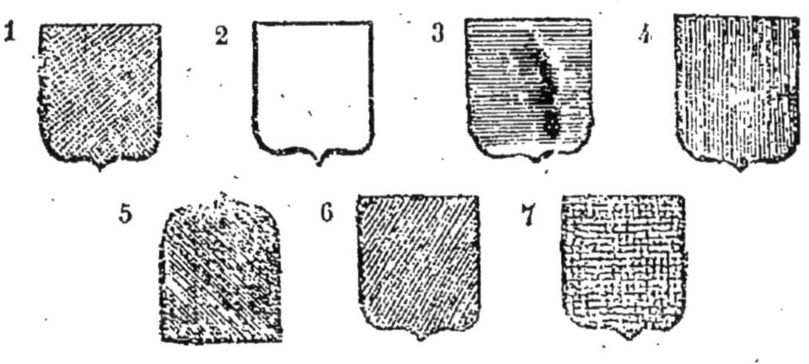

BOTANIQUE.

C'est une partie de l'histoire naturelle, qui a pour objet la connaissance du règne végétal en entier. Ainsi telle est la science qui traite de tous les végétaux et de tout ce qui a un rapport immédiat avec eux.

La Botanique est divisée en trois parties principales : la nomenclature des plantes, leur culture et leurs propriétés ; la dernière est la plus importante par l'utilité que nous en tirons. On doit entendre par la propriété des plantes tous leurs usages, même ceux d'agrément.

On est parvenu à distinguer, par la nomenclature, plus de vingt mille espèces de plantes.

CHIMIE.

La Chimie est une science qui apprend à connaître l'action intime et réciproque de tous les corps de la nature, les uns sur les autres. Pour en présenter tous les avantages, il faudrait faire l'énumération de nos connaissances physiques et de tous les arts qui servent aux besoins de la vie. Tout nous prouve que la Chimie, qui ouvre tant de trésors à l'industrie humaine, mérite d'être cultivée, comme elle l'est de nos jours.

CHIRURGIE.

La Chirurgie est une science qui apprend à connaître et à guérir les maladies extérieures du corps humain. Elle est fort ancienne, et même beaucoup plus que la médecine, dont elle ne fait maintenant qu'une branche. C'était en effet la seule médecine que l'on connût dans les premiers âges du monde, où l'on s'appliqua à guérir les maux extérieurs du corps, avant qu'on en vînt à examiner et à découvrir ce qui a rapport à la guérison des maladies internes.

On range en cinq classes les maladies extérieures-chirurgicales : les tumeurs, les plaies, les ulcères, les fractures et les luxations.

CHRONOLOGIE.

LA Chronologie est l'histoire des temps.

UN Chronologiste sait à quelle époque la ville de Rome a été bâtie ; en quelle année J.-C. est mort ; quel jour Louis XIV fut sacré Roi de France, et généralement les dates précises de chaque trait d'histoire.

COMMERCE.

ON entend par ce mot une communication que les hommes se font entr'eux des productions de leurs terres et de leur industrie.

Sans le Commerce, nous manquerions d'un grand nombre de choses qui nous viennent des pays étrangers ; les étrangers manqueraient à leur tour des choses qu'ils tirent de chez nous.

Acheter des étoffes, des meubles, des denrées dans tous les pays et dans toutes les villes du monde ; envoyer dans ces pays et dans ces villes des marchandises pour y gagner, c'est faire le commerce, c'est être dans le négoce. Les banquiers commercent aussi en argent, par le moyen des lettres de change.

CRITIQUE.

IL semble qu'il soit aisé de critiquer les actions et les ouvrages qui méritent de l'être, et rien ne demande plus d'art et de ménagement pour le faire de façon que ceux même qui sont critiqués, ne puissent s'en plaindre.

La Critique est de tous les talents le plus dangereux.

DANSE.

Dans son principe, la Danse servit à la démonstration d'un sentiment qui est gravé profondément dans le cœur de tous les hommes. Pour exprimer leur respect et leur gratitude envers le Créateur, les hommes chantèrent les louanges et les bienfaits de Dieu, et ils dansèrent en les chantant. On a appelé cette Danse *sacrée*.

Aujourd'hui la Danse est l'art de former, au son des instruments, différents pas réguliers. C'est un amusement toujours frivole, et très-souvent dangereux.

DÉCLAMATION.

La Déclamation est l'art de rendre le discours. Ce n'est que lorsqu'on est pénétré de ce qu'on dit, qu'on peut faire sentir aux autres les beautés d'un discours ou d'une pièce de vers.

DESSIN.

Le Dessin est l'art d'imiter, avec le secours du crayon ou de la plume, les formes que les objets présentent à nos yeux. Tracer la vue d'une campagne, la façade d'une maison, le site d'un jardin, les fleurs d'une étoffe, est ce qu'on appelle dessiner. Un peintre doit connaître le Dessin.

DIFFÉRENTS EXERCICES.

L'Art de tirer des armes est un exercice nécessaire à un homme exposé à se défendre, l'épée à la main.

Plusieurs exercices sont aussi en usage pour l'utilité et pour l'amusement, ils ont chacun leurs règles particulières : tels sont l'art de voltiger, la chasse aux chiens courants, la chasse aux oiseaux de proie, la pêche, et beaucoup d'autres.

ÉCONOMIE.

Les détails qu'exigent les différentes nécessités de la vie, sont les détails de l'économie. Une personne économe, persuadée que la plus belle économie est de donner le plus souvent que l'on peut, mais qu'il faut donner à propos, sait régler sa dépense sans avarice et sans prodigalité.

ÉCRITURE.

L'Écriture trace, par un certain nombre de caractères décidés, tout ce que l'esprit peut penser; et, comme dit un Poëte, l'Écriture est l'art de *peindre la parole et de parler aux yeux.*

La forme différente qu'on donne aux lettres qui composent l'écriture, lui fait donner différents noms. Nous avons l'écriture gothique, la bâtarde ou italienne, la ronde, l'anglaise, la française, la financière et la romaine.

LA FABLE.

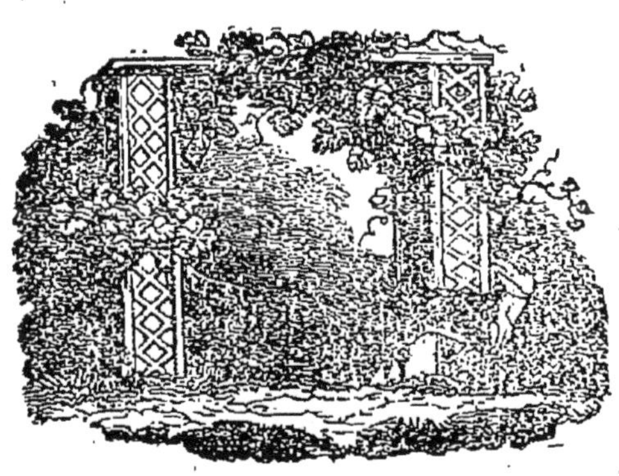

La Fable ou Apologue est un discours en vers ou en prose, qui, sous des allégories, cache un sens moral expliqué au commencement ou à la fin. On y fait parler les hommes et les animaux ensemble, et même les choses inanimées. La Fontaine a fait de fort belles fables; mais le *Fabuliste des Enfants*, composé par l'abbé Reyre, est mieux à la portée des jeunes gens.

FINANCE.

Tous ceux qui font leur principale occupation de recevoir et de donner de l'argent, sont appelés financiers. Les Receveurs lèvent les sommes qui sont dûes aux Souverains, dans chaque province de son empire, et les Trésoriers paient par son ordre les différents officiers qui le servent. Ce qu'il faut savoir pour réussir dans la distribution et le maniement de cet argent, est ce qu'on appelle Finance.

FORTIFICATIONS.

Les Fortifications consistent à mettre une place ou tout autre lieu qu'on veut défendre, en état de résister avec peu de monde aux efforts d'un ennemi supérieur en troupes, qui veut s'en emparer.

Les ouvrages que les ingénieurs construisent pour cet effet, sont appelés Fortifications; tels sont les bastions, demi-lunes, ouvrages à cornes, etc.

GÉNÉALOGIE.

On ne doit point négliger de connaître le commencement, le progrès et les alliances des familles illustres. Chaque famille a sa généalogie, c'est-à-dire une suite connue de pères, grands pères, bisaïeuls, trisaïeuls, etc. Louis XV était fils de Louis Duc de Bourgogne, qui avait épousé Marie—Adélaïde de Savoie. Le Duc de Bourgogne était petit-fils de Louis XIV. Louis XIV était fils de Louis XIII. C'est ainsi qu'un Généalogiste expose les degrès de parenté.

GÉOGRAPHIE.

La connaissance générale des parties qui composent le monde, s'appelle Géographie. Pour donner cette connaissance, sans être obligé de parcourir des pays immenses, les Géographes tracent sur des cartes la situation et la forme de ces pays. On distingue facilement, sur les cartes, les mers, les montagnes, les rivières, les villes, et tout ce qui forme le monde terrestre.

GÉOMÉTRIE.

Le traité le plus important des Mathématiques, et qui aide le plus à réussir dans l'étude des autres traités, c'est la Géométrie. Le bon Géomètre mesure et divise, par des règles certaines, tout ce qui se présente à sa vue, et même à son imagination.

GRAMMAIRE.

L'assemblage des règles établies pour parler correctement une langue, s'appelle Grammaire. On dit qu'un homme est bon Grammairien, quand il parle bien sa langue. C'est dans la Grammaire qu'on apprend bien l'Orthographe, qui est la principale partie de l'écriture. L'Orthographe consiste à employer les lettres nécessaires pour former chaque mot, et à n'en point mettre d'inutiles.

LA GUERRE.

La guerre provient des différends qui arrivent entre des Princes ou des Etats, et qui se décident ordinairement par la voie des armes. Elle se divise en guerre offensive et en guerre défensive. La première est celle dans laquelle on se propose d'attaquer l'ennemi. La seconde a pour principal objet de résister aux efforts de l'ennemi, et de l'empêcher de faire des conquêtes.

HISTOIRE.

L'histoire est le récit des faits véritables arrivés dans un temps quelconque. Elle se divise en Sacrée et Profane. L'Histoire sacrée est le récit des actions divines et miraculeuses opérées par Dieu. Elle est renfermée dans la sainte Bible ou Histoire de l'ancien et du nouveau Testament.

L'Histoire profane rappelle non-seulement ce qui s'est passé de remarquable chez chaque peuple, mais elle nous apprend encore les mœurs, les liaisons et les guerres que ces peuples ont eues. Les Histoires particulières sont celles qui ne parlent que des actions qui intéressent un pays, comme l'Histoire de France; ou d'un évènement, comme la Révolution française, etc.

HISTOIRE NATURELLE.

Tout ce que produit la Nature se divise en trois parties : le règne des animaux, celui des minéraux, et celui des végétaux.

Les hommes, les poissons, les oiseaux, les insectes, et généralement toutes les bêtes sont du règne animal. Les arbres et les petites plantes sont du règne végétal. Tout ce qu'on trouve dans la terre, comme les pierres, les diamants, l'or, l'argent et les autres métaux, composent le règne minéral.

JURISPRUDENCE.

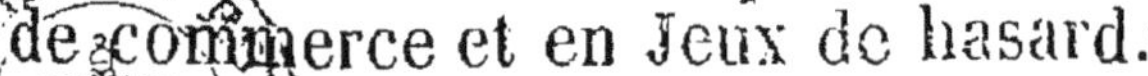

La Jurisprudence renferme tout ce qui sert à rendre la justice selon les lois. L'étude de cette science est ce qu'on appelle l'étude du Droit. Un Juge l'apprend pour punir les criminels, à proportion des crimes qu'ils ont commis, et pour juger les contestations des plaideurs.

Un Avocat et un Avoué l'apprennent pour aider de leurs conseils et pour faire valoir les raisons de ceux qui plaident. Un Notaire doit aussi savoir les lois, pour faire des actes qui y soient conformes.

JEUX.

Presque tous les Jeux tiennent leurs premiers principes de l'Arithmétique ; et la plupart tirent un grand avantage de la facilité de bien compter. On les divise en Jeux de commerce et en Jeux de hasard.

6

Mme Deshoulières en a fait connaître les dangers dans les vers suivants :

> Les plaisirs sont amers d'abord qu'on en abuse :
> Il est bon de jouer un peu ;
> Mais il faut seulement que le jeu nous amuse.
> Un joueur, d'un commun aveu,
> N'a rien d'humain que l'apparence.
> Et d'ailleurs il n'est pas si facile qu'on pense
> D'être fort honnête homme et de jouer gros jeu.
> Le désir de gagner, qui nuit et jour occupe,
> Est un dangereux aiguillon ;
> On commence par être dupe,
> On finit par être fripon.

LANGUES.

Les habitants des différents pays du monde parlent un langage différent. Un Turc, par exemple, n'entend point ce qu'on dit quand on parle français ou italien, à moins qu'il n'ait étudié ces langues. La science des Langues s'apprend en parlant avec ceux qui les savent, ou par le secours des règles.

On appelle Langues mortes celles qu'on ne parle plus chez aucun peuple, et qui subsistent seulement dans les livres.

LOGIQUE.

Il ne faut pas croire qu'on puisse raisonner juste. La Logique, qu'on connaît pour la première partie de la Philosophie, empêche le logicien de s'égarer dans de fausses idées, et le conduit toujours par principes à la justesse d'une décision solide. Les mots *dialectique* et *logique* signifient la même chose et sont synonimes.

MANÈGE.

Il est très important, surtout à ceux qui sont destinés à la guerre, de bien monter à cheval, de connaître les défauts, les beautés et les maladies des chevaux, de les dompter et de les mener avec art. La façon d'exercer un cheval, pour le dresser, est ce qu'on appelle Manège. Il y a plusieurs sortes de Manèges, un bon écuyer les connaît tous.

MARINE.

On fait la guerre sur mer presque aussi souvent que sur terre. Plusieurs vaisseaux, qu'on appelle une flotte quand ils marchent ensemble, sont chargés de soldats et d'artillerie, pour combattre nne flotte ennemie. Tout ce qui concerne la construction et la façon de conduire ces vaisseaux, s'appelle la Marine ou la Navigation.

Il y a des vaisseaux qui ne servent qu'à transporter des marchandises ; ce sont les vaisseaux marchands ; les autres sont les vaisseaux de guerre.

Depuis peu de temps on a imaginé un nouveau genre de navigation qui se fait par le moyen de vaisseaux mus par la vapeur, auxquels on a

donné le nom de *bateaux à vapeur*. Ces bateaux, qui n'ont point de rames, et avec lesquels on peut se passer de voiles, parcourent des espaces très considérables avec une vitesse incroyable.

MATHÉMATIQUES.

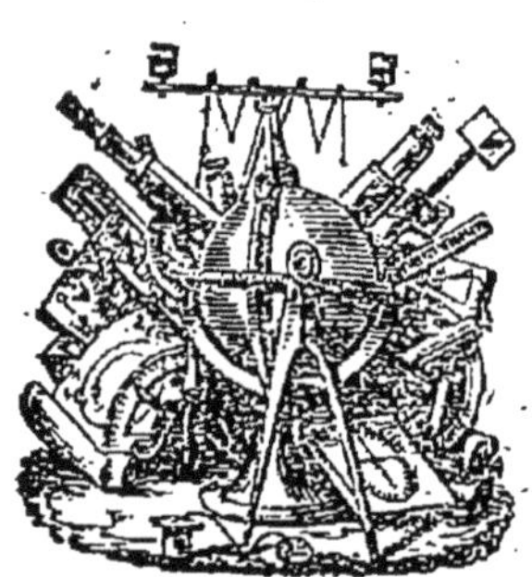

Les sciences qui, dans leurs opérations, obligent à employer des forces, à calculer ou à mesurer, sont toutes réunies dans une seule science, qu'on appelle les Mathématiques. L'Arithmétique, par exemple, la Sphère, l'Architecture, sont trois traités qui en font partie.

Les Mathématiques renferment jusqu'à cinquante traités différents; mais il est presque impossible qu'un seul Mathématicien les sache tous également bien.

MÉCANIQUE.

L'étude des Mécaniques nous fournit bien des secours dont on aurait de la peine à se passer. Le mouvement des poulies, la force des leviers, la justesse des horloges, la construction des voitures et de toutes les machines qu'on emploie dans les arts, est dûe aux différentes découvertes des Mécaniciens.

On joint ordinairement aux mécaniques le Traité de la Statique, par lequel on connaît l'usage des poids et des contre-poids.

MÉDAILLES.

Les Médailles sont des espèces de monnaies antiques ou modernes qui représentent, d'un côté, la tête d'un homme illustre, et de l'autre, quelque action d'éclat qui s'est passée pendant sa vie.

La date de chaque action est sur les médailles; ainsi, en rappelant les principaux traits de l'histoire, elles servent essentiellement à la justesse de la chronologie. On appelle Antiquaires, ceux qui s'attachent à la connaissance des médailles.

Ils y joignent ordinairement la connaissance des statues antiques et des pierres gravées.

MÉDECINE.

Quand, par l'usage de l'Anatomie, on connaît les fonctions de chaque partie du corps, il faut que la médecine apprenne à connaître les remèdes que l'on peut apporter au dérangement de ces parties. Une trop grande chaleur cause-t-elle la fièvre, un médecin sait ce qu'il faut pour la tempérer, et pour guérir enfin tous les maux auxquels le corps humain est sujet.

MÉTAPHYSIQUE.

La dernière partie de la Philosophie est la Métaphysique, et la plus difficile à apprendre et à approfondir. Un métaphysicien ne raisonne jamais que sur des sujets purement spirituels; il travaille sans cesse à prouver des choses dont on ne peut juger par les sens, et dont il est quelquefois permis de douter.

6*

Ainsi quand on dit qu'un raisonnement est simplement métaphysique, c'est comme si l'on disait qu'on raisonne sans être appuyé sur un fondement solide.

LE MONDE OU LA SOCIÉTÉ.

La manière de vivre dans la societé, est une science qui ne s'acquiert que par l'usage. Entendre raillerie ; ne point s'enogueillir de ses connaissances ; être poli sans affectation ; feindr de ne pas s'apercevoir du manque de politesse qu'on pourrait trouver dans les autres ; ne point faire de leurs défauts le sujet de notre conversation ; voilà les principales règles qui doivent nous guider pour réussir dans la Société ; et c'est ce qu'on appelle avoir l'usage du monde.

MUSIQUE.

La Musique enseigne les règles de l'harmonie, et c'est ce qu'on appelle composition. Elle enseigne aussi à rendre méthodiquement, par le son de la voix ou par le secours des instruments, les différens sons qui forment l'harmonie : ainsi on la divise en musique vocale et en musique instrumentale. La précision dans la mesure est également nécessaire aux deux genres de musique.

MORALE.

LE vrai Philosophe est celui qui sait se rendre maître de soi-même. Aussi la Morale, ou l'art de conduire ses actions, passe-t-elle pour la partie la plus utile de la Philosophie : c'est elle qui donne des bornes aux passions, qui déracine le vice et cultive la vertu. La Morale enfin est la science des mœurs.

MYTHOLOGIE.

LA Mythologie ou la Fable est la connaissance des fausses divinités du Paganisme. Les anciens adorèrent long-temps des faux dieux, et par un aveuglement bien déplorable, ils prodiguaient l'encens à des objets dignes de mépris.

Cette science, qui fait connaître toutes ces fausses divinités et leurs attributs, doit entrer dans l'éducation. Elle facilite l'intelligence des Poètes, des tableaux et des statues.

PEINTURE.

QUAND on met des couleurs sur les figures qu'on a tracées, ce qu'on appelle dessin se nomme alors peinture. On distingue différents genres de peinture. La peinture à l'huile, qu'on emploie pour les tableaux ; la détrempe et la fresque, dont on se sert sur les plafonds et sur les murs ;

la miniature et l'émail pour les petits portraits ; et enfin le pastel, qui n'est autre chose que des crayons de toutes sortes de couleurs.

PHARMACIE.

La Pharmacie est, comme tous les arts, fille de la nature. Long-temps elle fut confondue avec la Médecine, dont elle est inséparable. Elle fait partie intégrante de l'art de guérir, et a, comme toutes les sciences physiques, sa théorie et sa pratique. La théorie exige des Pharmaciens des connaissances étendues en botanique et en chimie. La pratique veut qu'il soit versé dans celles à choisir, à mélanger et à préparer les substances qui entrent dans la composition des médicaments.

PHYSIQUE.

Rien n'embarrasse un Physicien : il sait tout ce qui se passe dans les quatre éléments ; il sait ce qui forme le tonnerre, ce qui cause la pluie ; comment la terre produit des fruits ; pourquoi le feu s'augmente à l'air; pourquoi il s'éteint quand il en manque. Il rend compte des effets de la lumière, de la cause des couleurs : en un mot, toute la nature est approfondie dans la physique, qui est la troisième partie de la Philosophie.

LE POÈME ÉPIQUE.

Le Poème épique ou l'Epopée est le récit d'une action mémorable, intéressante, où la vérité admet le merveilleux, sans sortir du vraisemblable. Son but est de porter les hommes au grand, à l'héroïque, et surtout à la vertu.

La Henriade, la Jérusalem délivrée, et les Aventures de Télémaque, sont des poèmes épiques.

LE POEME DRAMATIQUE.

Le plus petit ouvrage de poésie, une chanson, par exemple, une fable est un poème ; il y en a de plusieurs sortes ; on en compte environ quinze différents.

Le Poème dramatique est un des principaux. On nomme Poème dramatique une tragédie ou une comédie. Les vers composés pour être mis en musique, tels que ceux des Opéras, sont appelés vers lyriques.

POÉSIE.

La Poésie est l'art de faire des vers, et l'on appelle Poètes ceux qui y réussissent. Les vers sont des mots arrangés, dont on compte chaque syllabe. Il-y a des vers de différentes longueurs, mais ils finissent toujours par un mot qui rime avec le dernier mot d'un autre vers.

Voici un exemple de quatre vers :

On me dit du matin jusqu'au soir :
Il est bien glorieux, dans l'âge le plus tendre,
D'apprendre et de savoir ;
Mais pour savoir il faut apprendre.

PROSE.

On écrit en prose ou en vers. La prose est la façon simple de parler dans la conversation, dans une lettre, dans la plupart des livres. La tournure que chacun emploie en particulier pour s'exprimer, s'appelle style. Le meilleur style est celui dont les phrases sont les plus naturelles. Une phrase est une certaine quantité de mots liés ensemble, et qu'on met toujours entre deux points ou deux virgules.

RELIGION.

La Religion catholique est la seule véritable. On appelle hérétiques tous ceux qui, quoique chrétiens, ne croient pas dans tous les points ce qu'ordonne de croire la Religion catholique.

Il existe des peuples qui adorent le Soleil; d'autres, la Lune ; il y en a même qui adorent des animaux : on les appelle idolâtres.

DE LA RHÉTORIQUE.

L'Eloquence touche et persuade ceux à qui l'on parle : mais pour être éloquent, outre les règles de la Grammaire, il y a encore d'autres règles. Il ne suffit pas de placer sans ordre ce qu'on veut dire; il faut composer son discours avec art. C'est la Rhétorique qui enseigne cet art ; et l'on appelle Rhétoriciens ou Rhéteurs, ceux qui savent en faire usage.

DE LA SPHÈRE.

Il faut toujours joindre à la science de la Géographie, celle de la Sphère ; elle enseigne à connaître le monde céleste. On appelle Monde céleste le Ciel, où l'on distingue le soleil, la lune et les étoiles. C'est la Sphère qui représente le cours des astres ; et pour faciliter l'étude de ces sciences, on dessine le ciel et la terre sur deux boules, qu'on nomme globe terrestre et globe céleste.

SCULPTURE.

Pour donner au bois, au marbre, et aux métaux des formes différentes, il faut, d'après les règles du dessin, savoir mettre en pratique la manœuvre et les finesses de la Sculpture. Une belle statue, un vase bien coupé, un bas relief sculpté avec art, font autant d'honneur au Sculpteur, qu'un tableau parfait peut en faire à l'habile Peintre.

LA THÉORIE ET LA PRATIQUE.

Il y a deux façons de s'instruire. La première est établie sur la théorie; on appelle ainsi l'assemblage des règles et des principes d'un art ou d'une science. La seconde façon de savoir est totalement différente de la théorie : c'est la pratique.

Un Jardinier taille un arbre avec succès par l'habitude qu'il a de tailler, et selon les avantages qu'il a reconnus d'une année à l'autre ; mais ce Jardinier ne pénètre point les raisons qui l'ont fait réussir. L'habitude de travailler ainsi, sans remonter aux principes, s'appelle la pratique. Pour être parfait dans quelque genre de science que ce soit, il faut réunir la science théorique et la science pratique.

DROIT NATUREL, ÉCONOMIQUE ET POLITIQUE.

Comme être isolé, l'homme a des devoirs à remplir qui regardent son existence propre et le soin qu'il doit prendre de la conserver; on comprend, sous le nom de *Jurisprudence naturelle*, les lois relatives à cet objet.

La qualité de père de famille impose à tous les hommes des devoirs particuliers à l'égard de leurs enfants. Les lois qui les ont eus en vue, servent encore aujourd'hui à déterminer les successions, le partage des biens et les autres objets qui appartiennent à la *Jurisprudence économique*.

En s'unissant avec sa famille, à des familles plus nombreuses, les rapports de l'homme changeant, ses devoirs se sont accrus en même proportion. Les lois qui les ont considérés sous cet aspect, ont donné lieu à toutes les institutions de la *Jurisprudence politique*. On les a divisées en autant de branches qu'il y a de matières sujettes à la législation.

INSTRUCTION

Pour les personnes qui enseignent à lire.

Les premiers éléments de la Grammaire française doivent surtout servir de leçon de lecture aux élèves : c'est le moyen de leur en donner une première idée, sans qu'il leur en coûte beaucoup de peine ; la mémoire se charge facilement de ce qu'on a lu plusieurs fois. Ainsi, après avoir fait lire un petit article à un enfant, on peut commencer à lui en demander compte, et l'aider à l'entendre.

Il faut sensiblement lui faire connaître les neuf parties du discours qui composent toute la Langue française; lui apprendre à décliner les noms, à conjuguer les verbes, et à bien distinguer celles de ses neuf parties qui ne se déclinent ni ne se conjuguent, telles que sont l'Adverbe, la Préposition, la Conjonction et l'Interjection.

GRAMMAIRE FRANÇAISE.

La langue française est composée de neuf sortes de mots; savoir, le Nom, l'Article, le Pronom, le Verbe, le Participe, l'Adverbe, la Préposition, la Conjonction, et l'Interjection.

DU NOM.

Il y a deux sortes de noms, le nom substantif et le nom adjectif.

Du Nom substantif.

Le nom substantif est un mot qui nomme simplement une chose quelconque.

Les mots *soleil, lune, étoile,* sont des noms substantifs.

Du Nom adjectif.

Le nom adjectif est un mot qui marque de quelle manière ou de quelle couleur est la chose nommée par le nom subtantif.

Les mots *rond*, *ronde*, *brillant*, *brillante*, sont des noms adjectifs.

Dans l'usage ordinaire, le nom adjectif se joint presque toujours à un nom substantif. Il marque encore la qualité de la chose nommée par le nom substantif. Exemples : *le soleil est rond, la lune est ronde, les étoiles sont brillantes, le pain est bon.*

Ce qu'on dit ici des choses se dit aussi des personnes et de tous les êtres en général.

Exemples : *Voilà un brave homme, c'est une femme sage, la vertu est aimable.*

Des Genres.

La langue française n'a que deux genres: le masculin, qui désigne le mâle ou tout ce qui est du même genre, comme *l'homme, le soleil, le temps*; et le féminin, qui désigne la femelle ou tout ce qui est du même genre, comme *la femme, la lune, la terre.*

Des Nombres.

Il y a deux nombres, le singulier, quand on ne parle que d'une seule personne ou d'une seule chose, comme quand on dit *l'homme, la femme, le ciel, la terre*, et le pluriel quand on parle de plusieurs personnes ou de plusieurs choses, comme quand on dit : *les hommes, les femmes, les cieux, les terres.*

Des Cas.

Il y a six cas : le nominatif, le génitif, le datif, l'accusatif, le vocatif et l'ablatif.

Ces six cas servent à décliner les noms substantifs par le moyen des articles *le, la, les, de, du, des, à, au, aux*, dont on parlera ci-après.

Exemple de déclinaison, tant au singulier qu'au pluriel.

Nom substantif masculin.

SINGULIER.	PLURIEL.
N. le Roi.	N. les Rois.
G. du Roi.	G. des Rois.
D. au Roi.	D. aux Rois.
Acc. le Roi.	Acc. les Rois.
Voc. ô Roi.	Voc. ô Rois.
Abl. du Roi *ou* par le Roi.	Abl. des Rois *ou* par les Rois.

Nom substantif féminin.

SINGULIER.	PLURIEL.
N. la Reine.	N. les Reines.
G. de la Reine.	G. des Reines.
D. à la Reine.	D. aux Reines.
Acc. la Reine.	Acc. les Reines.
Voc. ô Reine.	Voc. ô Reines.
Abl. de la Reine *ou* par la Reine.	Abl. des Reines *ou* par les Reines.

Les noms adjectifs servent à comparer ensemble les noms substantifs, et à former ce qu'on appelle degrés de signification. Exemple : *le soleil est plus éclatant que la lune*, ou *la lune est moins éclatante que le soleil.*

Des degrés de signification.

Il y a trois degrés de signification, c'est-à-dire trois manières de comparer ensemble les noms substantifs ; savoir : le positif, comme *grand ;* le comparatif, comme *plus grand ;* le superlatif, comme *très-grand.*

Exemples : *Alexandre était un grand homme. César était plus grand homme que Pompée. Louis XIV était un très-grand Roi.*

Un nom adjectif est au superlatif quand il y a *le* ou *la* devant *plus*, ou un de ces mots *très, fort, extrêmement, infiniment, parfaitement, souverainement.* Ainsi, *le plus savant, la plus savante, très-savant, très-savante, fort aimable, la plus aimable, extrêmement poli, le plus poli, infiniment bon, extraordinairement bon, parfaitement heureux, le plus heureux, la plus heureuse, souverainement juste, le plus juste,* sont au superlatif.

Il y a des comparatifs et des superlatifs qui s'expriment en un seul mot ; ces comparatifs sont *meilleur, pire, moindre.*

Exemples : *meilleur* signifie *plus bon* (expression qui n'est point d'usage) ; *pire* signifie *plus mauvais ; moindre* signifie *plus petit.*

Les superlatifs qui s'expriment en un seul mot, sont *généralissime, sérénissime, révérendissime.*

Noms de nombre absolus.

Il y a des nombres adjectifs qui servent à compter : ce sont *un, deux, trois, quatre, cinq, six, sept,* etc. On les appelle noms de nombre absolus.

Noms de nombre ordinaux.

Il y en a d'autres qui marquent l'ordre et le rang ; ce sont *le premier, la première, le second, le troisième, le quatrième ,* etc., tant pour le masculin que pour le féminin , le singulier et le pluriel ; on les appelle noms de nombre ordinaux.

Il y a trois sortes de noms substantifs , savoir : les noms *communs,* les noms *propres,* et les noms *collectifs.*

Noms substantifs communs.

Les noms *communs* sont ceux qui désignent les espèces d'un même genre ; ainsi les mots *hommes, chevaux, bêtes,* sont des noms substantifs *communs,* parce qu'ils désignent :

le premier,	tous les hommes.
le second,	tous les chevaux.
et le troisième,	toutes les bêtes.

Noms substantifs propres.

Les noms propres sont ceux qui appartiennent à chaque homme, à chaque femme, à chaque ville en particulier, comme *Alexandre, César, Louis XIV, Marie, Paris.*

Noms substantifs collectifs.

Les noms *collectifs* sont ceux qui renferment en un seul mot plusieurs choses ou plusieurs personnes, comme la forêt, le Clergé, la Cour, le Parlement, la noblesse, etc.

Les noms adjectifs sont de deux genres ; ainsi ils ont deux terminaisons , l'une pour le masculin, l'autre pour le féminin , comme *beau, belle, grand, grande*, au lieu que les noms substantifs n'ont qu'une terminaison et ne peuvent être que d'un genre, *le ciel, la terre*, etc.

Un nom adjectif devient substantif, quand il est précédé de *le*. Exemple : *le beau*, c'est-à-dire, *ce qui est beau ; le vrai*, c'est-à-dire, *ce qui est vrai*, etc.

DE L'ARTICLE.

Les articles sont de petits mots qui se mettent avec les noms substantifs pour en faire connaître le genre, le nombre et le cas. Quand on dit : *le soleil, la lune et les étoiles ; le soleil* est un nom substantif du genre masculin singulier; *la lune* est un nom substantif du genre féminin singulier; *les étoiles*, un nom substantif du nombre pluriel ; parce que l'article *le* désigne le genre masculin singulier; l'article *la*, désigne le genre féminin singulier; et l'article *les* désigne le pluriel, tantôt masculin, tantôt féminin. Il y a neuf articles , savoir :

le, la, les, de, du, des, à, au, aux.

Il y a des noms substantifs qui ne prennent qu'un article, d'autres en prennent deux, d'autres trois.

Un nom substantif du genre masculin ne prend qu'un article , tant au singulier qu'au pluriel, lorsqu'il commence par une consonne. Exemple de déclinaison :

SINGULIER.	PLURIEL.
Nom. le ciel	Nom. les cieux
Gén. du ciel	Gén. des cieux
Dat. au ciel	Dat. aux cieux
Acc. le ciel	Acc. les cieux
Voc. ô ciel	Voc. ô cieux
Abl. du ciel *ou* par le ciel	Abl. des cieux *ou* par les cieux.

Un nom substantif masculin qui commence par une voyelle, et un nom substantif du genre féminin ont trois cas (le génitif, le datif et l'ablatif) où ils prennent deux articles, mais ce n'est qu'au singulier. Exemples :

NOM SUBSTANTIF MASCULIN.

SINGULIER.	PLURIEL.
Nom. l'oncle	Nom. les oncles
Gén. de l'oncle	Gén. des oncles
Dat. à l'oncle	Dat. aux oncles
Acc. l'oncle	Acc. les oncles
Voc. ô oncle	Voc. ô oncles
Abl. des oncles *ou* par les oncles.	Abl. des oncles *ou* par les oncles.

NOM SUBSTANTIF FÉMININ.

SINGULIER.	PLURIEL.
Nom. la terre	Nom. les terres
Gén. de la terre	Gén. des terres
Dat. à la terro	Dat. aux terres
Acc. la terre	Acc. les terres
Voc. ô terre	Voc. ô terres
Abl. de la terre *ou* par la terre	Abl. des terres *ou* par les terre.

Exceptions.

Il y a des façons de parler où le nom substantif masculin, quoique commençant par une consonne, prend deux articles, et le féminin trois. Exemples :

Nom. du pain	Nom. de la viande
Gén. de pain	Gén. de viande
Dat. à du pain	Dat. à de la viande

L'article de l'accusatif est semblable à celui du nominatif ; le génitif semblable à l'ablatif ; l'article du vocatif n'est qu'une exclamation.

Il y a quatre sortes d'articles, savoir : l'article *défini,* l'article *partitif,* l'article *indéfini,* et l'article *un, une.*

Les articles *définis* sont *le, la, les* ; on les appelle *définis,* parce qu'ils définissent et déterminent le genre et le nombre des noms substantifs, et en désignent toute l'espèce. Par exemple, quand on dit : *j'aime le pain, la viande, les fruits* ; cela signifie *j'aime tout ce qui est pain, viande, fruit,* etc.

L'article *partitif,* au contraire, n'exprime qu'une partie de la chose dont on parle : ces articles sont *du, de, de la, des* ; et quand on dit *du pain, de la viande, des fruits* me feraient plaisir; cela signifie *un morceau de pain, de viande, ou quelques fruits* me feraient plaisir.

On voit, par ces exemples, que le nominatif de l'article *partitif* n'est autre chose que le génitif de l'article *défini*. Exemple de déclinaison :

SINGULIER.

Nom.	du pain	du vin	de l'eau	de la viande
Gén.	de pain	de vin	d'eau	de viande
Dat.	à du pain	à du vin	à de l'eau	à de la viande
Acc.	*comme le Nominatif.*			
Abl.	*comme le Génitif.*			

PLURIEL.

Nom.	des pains	des vins	des eaux	des viandes
Gén.	de pains	de vins	d'eaux	de viandes
Dat.	à des pains	à des vins	à des eaux	à des viandes

Il n'y a que deux articles *indéfinis* : ce sont *du* et *à*. On les appelle *indéfinis*, parce qu'ils ne définissent ni le genre ni le nombre des noms ; ils se mettent indifféremment avant les noms masculins ou féminins, avant les noms propres d'hommes, de villes, de provinces, avant le nom de Dieu et des Saints, et avant les pronoms.

Exemple pour les noms substantifs :

Nom.	Dieu	Louis	Marie	César	Paris
Gén.	de Dieu	de Louis	de Marie	de César	de Paris
Dat.	à Dieu	à Louis	à Marie	à César	à Paris

Exemple pour les pronoms :

Nom.	moi	vous	lui	elle	eux	nous
Gén.	de moi	de vous	de lui	d'elle	d'eux	de nous
Dat.	à moi	à vous	à lui	à elle	à eux	à nous

Un, une, sont articles lorsqu'on peut mettre à leur place *le* ou *la.*

Ex. Un *honnête homme doit aimer son Prince, l'Etat et la Religion.*

Un est article dans cet exemple, parce qu'on peut dire, *l'honnête homme doit,* etc.

Une *femme sage doit tout sacrifier à son honneur et à sa vertu.*

Une est article, parce qu'on peut dire : *la femme qui est sage doit,* etc.

Un, une, sont adjectifs dans les exemples suivants :

J'ai rencontré un ami ce matin.
Une affaire importante me retient ici.

parce qu'on ne peut pas mettre les articles *le* ou *la* à la place de *un, une,* et dire : *J'ai rencontré l'ami ce matin : l'affaire importante me retient ici.*

DU PRONOM.

Un pronom est un mot qui tient ordinairement la place d'un nom substantif.

Il y en a de sept sortes, savoir : le pronom personnel, le pronom possessif, le pronom démonstratif, le pronom relatif, le pronom absolu, et le pronom indéfini.

Des Pronoms personnels.

Les pronoms personnels sont de petits mots qui représentent les personnes. Tels sont : *je, moi, tu, toi, il, lui, elle, nous, nous-mêmes, vous, vous-mêmes, ils, eux, elles, eux-mêmes, elles- mêmes.*

SING. *Je* ou *moi* représentent la première personne : c'est celle qui parle.

EXEMPLE. Je *vous aime, aimez*-moi.

Tu ou *toi* représentent la seconde personne : c'est celle à qui l'on parle.

Ex. Tu *t'affliges, consoles*-toi.

Il, lui ou *elle* représentent la troisième personne : c'est celle de qui l'on parle.

Ex. *Parlez-lui,* il ou elle *répondra.*

PLUR. *Nous* ou *nous-mêmes* représentent la première personne au pluriel.

Ex. Nous *devons faire notre bonheur* nous-mêmes.

Vous ou *vous-mêmes* représentent la seconde personne au pluriel.

Ex. *Il faut que* vous *veniez* vous-mêmes.

Ils, eux ou *elles, eux-mêmes, elles-mêmes* représentent la troisième personne au pluriel.

Ex. Ils *ou* elles *vous diront ce que j'ai fait.*
Eux-mêmes *ou* elles-mêmes *assurent cette vérité.*

Ces pronoms se déclinent avec les deux articles indéfinis *de* et *à*.

Les mots *soi* et *on* représentent aussi des personnes et sont mis au rang des pronoms personnels.

Ex. *Chacun doit penser à soi.*
On *plaît toujours quand* on *aime.*

Pronoms conjonctifs.

Les pronoms conjonctifs représentent tantôt les choses, tantôt les personnes ; ils se trouvent toujours entre un pronom personnel et un verbe. Exemple : *je vous* le *rendrai*, ou *je vous* la *rendrai* : *le* et *la* sont pronoms conjonctifs, et peuvent se rapporter à des choses ou à des personnes.

La plupart des pronoms personnels peuvent devenir conjonctifs , à l'exception des pronoms *je, tu, il* , parce que ces trois pronoms sont toujours au commencement de la phrase.

EXEMPLES.

Je vous *aime beaucoup.*	Vous
Je lui *parle souvent.*	Lui
Il te *connaît à fond.*	Te
Vous me *consolez un peu.*	Me
Tu leur *diras de ma part.*	Leur
Vous y *viendrez aussi.*	Y
Nous nous *aimions beaucoup.*	Nous
Nous le *savons.*	Le
Ils les *ont reçus.*	Les
On vous *l'a dit.*	L'
Nous en *avons encore.*	En

sont les pronoms conjonctifs.

On voit par ces différents exemples que le pronom personnel est toujours nominatif du verbe, et que le pronom conjonctif est toujours le régime du verbe.

Pronoms possessifs.

Les pronoms possessifs sont de petits mots qui désignent la personne qui possède la chose dont on parle; par exemple, quand on dit :

Mon *habit,* c'est comme si l'on disait : *l'habit de moi.*
Votre *montre,*   *la montre de vous.*
Son *épée ,*   *l'épée de lui,* etc.

7 *

Ainsi les trois pronoms *mon, votre, son,* désignent les trois personnes *moi, vous, lui.*

Mon *chapeau,*	ma *montre,*	mes *gants,*
Ton *habit,*	ta *maison,*	les *gens.*
Son *argent,*	sa *bourse,*	ses *parents.*
Notre *Roi,*	votre *bien,*	leur *état.*

Les pronoms *mon, ma, mes, ton, ta, tes, son, sa, ses, notre, votre, leur,* s'appellent pronoms possessifs absolus, parce qu'ils sont joints à un nom substantif. Il y a d'autres pronoms qui se rapportent à un nom substantif sans y être joints : on les appelle pronoms possessifs relatifs. Ces pronoms sont *le mien, le tien, le sien, la mienne, la tienne, la sienne, le nôtre, le vôtre, le leur, la nôtre, la vôtre, la leur.*

EXEMPLES.

Rendez-moi le mien.	*garde* le tien.	*chacun* le sien.
Rendez-moi la mienne.	*garde* la tienne.	*chacun* la sienne.
Rendez-nous le nôtre.	*gardez* le vôtre.	*chacun* le leur.
Rendez-nous la nôtre.	*gardez* la vôtre.	chacun la leur.

Il n'y a dans ces différents exemples aucun nom substantif exprimé ; mais on sent bien qu'il est sous-entendu, et que tous ces pronoms possessifs se rapportent à quelque chose.

Pronoms démonstratifs.

Les pronoms démonstratifs sont de petits mots qui servent à montrer la chose dont on parle, comme quand on dit :

Ce *palais,*	cet *officier,*	cette *compagnie.*
Ce *cheval,*	cet *homme,*	cette *femme.*

Ce, cet, cette, ces, ceci, cela, celui-ci, celui-là, celle-ci, celle-là, ceux-ci, ceux-là, sont des pronoms démonstratifs.

EXEMPLES.

Ce *livre,*	ce *héros,*	ce *tableau.*
Cet *oiseau,*	cet *honneur,*	cet *ameublement.*
Cette *table,*	cette *armoire,*	cette *fenêtre.*
Ces *enfants,*	ces *animaux,*	ces *arbres.*

Ceci *peut convenir;*	*mais* cela *ne convient pas.*
Celui-ci *a plu;*	celui-là *ne plaît pas.*
Celle-ci *est aimable;*	celle-là *ne l'est pas.*
Ceux-ci *écoutent;*	ceux-là *n'écoutent pas.*

Pronoms relatifs.

Les pronoms relatifs sont de petits mots qui se rapportent à un nom substantif, et quelquefois à un pronom; ce sont *qui, que, quoi, dont, lequel, laquelle, lesquels, lesquelles*.

EXEMPLES.

Je connais la personne qui *vous a écrit.*
J'ai vu la lettre que *vous avez reçue.*
On sait présentement à quoi *s'en tenir.*
Voici le jeune homme dont *je vous ai parlé.*
C'est un ami pour lequel *je m'intéresse.*
L'affaire sur laquelle *on m'a consulté est finie.*
On connait ceux pour lesquels *vous vous intéressez.*
On connaît celles pour lesquelles *vous sollicitez.*

Exemples de quelques relatifs qui se rapportent à des pronoms :

Pour moi qui *vous connais, je vous estime.*
Celle que *vous venez de voir est aimable.*

Pronoms absolus.

Les pronoms absolus sont presque les mêmes que les pronoms relatifs ; on ne les appelle absolus, que quand ils ne sont précédés d'aucun nom substantif. Ce sont *qui, que, quoi, quel, quelle, lequel, laquelle*.

EXEMPLES.

Qui *connaissez-vous ici ?* c'est-à-dire *quelle personne, etc.*
Que *demandez-vous ?* quelle chose demandez-vous ?
A quoi *ou* de quoi *vous occupez-vous ?*
Quel *homme protégez-vous ?*
Quelle *affaire avez-vous ?*
Lequel *aimez-vous ?*
Laquelle *prenez-vous ?*

On voit que le pronom absolu forme toujours une interrogation, quand il n'est pas précédé d'un verbe.

Quand il est précédé d'un verbe, il ne forme plus d'interrogation. Exemple :

J'ignore quelle *affaire vous amène à Paris.*

Pronoms indéfinis.

Les pronoms indéfinis sont des mots qui ne se rapportent directement à aucun nom substantif exprimé ou sous-entendu, comme les autres pronoms. Les pronoms *quiconque, quelqu'un, chacun, autrui, personne, aucun, nul, nul autre, pas un, pas une, tel, telle, la plupart, tout le monde, qui que ce soit, quelque chose que, quoi que, tout.... que, tout... homme, l'un l'autre, les uns les autres.*

EXEMPLES.

Quiconque *aime la vertu est heureux.*
Quelqu'un *vous dira peut-être autrement.*
Chacun *doit penser à soi.*
Il ne faut point faire de mal à autrui.
Personne *ne m'a-t-il point demandé aujourd'hui?*
De plusieurs amis que j'avais, il ne m'en reste aucun.
Nul autre *que vous n'eût attendu si tard.*
Pas un, pas une *ne m'a satisfait.*
Tel *ou* telle *devrait être plus circonspect,* ou *circonspecte.*
La plupart *conviennent du fait.*
Tout le monde *vous connaît pour tel.*
Qui que ce soit *qui me demande, je n'y suis pas.*
Quelque chose *que vous fassiez, je vous pardonne.*
Quoi que *vous en disiez, cela ne laisse pas d'être.*
Tout *innocent* que vous êtes, *on vous accuse.*
Tout *honnête* homme *doit aimer son honneur.*
Il faut s'aider l'un l'autre, *ou* les uns les autres.

DU VERBE.

En général un verbe est un mot qui exprime toutes les actions, soit du corps, comme *marcher, se promener,* etc.; soit de l'esprit, comme *méditer, réfléchir,* etc.

Sans le verbe, toutes les autres parties du discours seraient inutiles dans une langue, et ne pourraient faire aucun sens ; c'est pour cela qu'on l'appelle le mot par excellence.

On connaît qu'un mot est un verbe , lorsqu'on peut y joindre un des pronoms personnels *je, tu, il;* ainsi les mots *aimer, finir, recevoir, rendre,* sont des verbes, parce qu'on peut dire :

J'aime,	*tu aimes,*	*il aime.*	*J'écris,*	*tu écris,*	*il écrit.*
Je finis,	*tu finis,*	*il finit.*	*Je parle,*	*tu parles,*	*il parle.*
Je reçois,	*tu reçois,*	*il reçoit.*	*Je cours,*	*tu cours,*	*il court.*
Je rends,	*tu rends,*	*il rend.*	*Je viens,*	*tu viens,*	*il vient.*

Il y a quatre conjugaisons des verbes.

La première comprend les verbes dont l'infinitif est terminé en *er*; ainsi *aimer, badiner, jouer, se promener,* etc. sont des verbes de la première conjugaison.

La seconde comprend les verbes dont l'infinitif est terminé en *ir*; ainsi *finir, mourir, partir, se réjouir,* etc. sont des verbes de la seconde conjugaison.

La troisième comprend les verbes dont l'infinitif est terminé en *oir*; ainsi *recevoir, pouvoir, apercevoir, concevoir, se pourvoir,* etc. sont des verbes de la troisième conjugaison.

La quatrième comprend les verbes dont l'infinitif est terminé en *re*; ainsi *rendre, prendre, lire, écrire, se plaindre,* etc., sont des verbes de la quatrième conjugaison.

Pour conjuguer un verbe, il faut savoir ce que c'est que *temps* et *modes.*

Il y a trois *temps,* qu'on appelle *temps naturels,* savoir : le *présent,* le *passé* et le *futur.*

Le *présent* est le *temps* où se fait quelque chose, comme *j'aime, je finis, je reçois, je rends.*

Le *passé* est le *temps* où s'est faite quelque chose, comme *j'ai aimé, j'ai fini, j'ai reçu, j'ai rendu.*

Le *futur* est le *temps* où se fera quelque chose, comme *j'aimerai, je finirai, je recevrai, je rendrai.*

Chacun de ces trois temps en renferme plusieurs autres, comme on verra dans les quatre conjugaisons des verbes.

Il y a deux verbes qu'il faut savoir bien conjuguer avant que de passer à la conjugaison des autres ; ces deux verbes sont le verbe *avoir* et le verbe *être,* qu'on appelle verbes *auxiliaires ;* parce qu'ils viennent, pour ainsi dire, au secours des autres verbes, et qu'ils servent à en former les temps composés.

Les temps simples d'un verbe sont ceux qui ne consistent que dans un seul mot, comme :

J'aime,	*j'aimerai,*	*je finis,*	*je finirai.*
Je reçois,	*je recevrai,*	*je rends,*	*je rendrai.*

Les temps composés d'un verbe sont ceux qui sont

composés de deux ou de plusieurs mots, comme *j'ai aimé, j'ai été aimé, j'ai reçu, j'ai été reçu.*

Il y a quatre modes dans un verbe , savoir : *l'indicatif, l'impératif, le subjonctif* et *l'infinitif.*

INDICATIF.

Un verbe est au mode indicatif, quand il ne dépend
d'aucun autre mot, comme quand on dit *j'aime* ou *j'aimerai l'étude.*

Ce mode a onze temps.

Voici la manière de le conjuguer, ainsi que tous les
autres, tant au masculin qu'au féminin, au singulier
qu'au pluriel.

PRÉSENT.

Singulier.

J'ai,	je suis,	j'aime ,	je finis,	je reçois,	je rends ,
tu as,	tu es,	tu aimes,	tu finis ,	tu reçois,	tu rends ,
il a,	il est,	il aime,	il finit,	il reçoit,	il rend ,
ou	*ou*	*ou*	*ou*	*ou*	*ou*
elle a,	elle est,	elle aime,	elle finit,	elle reçoit,	elle rend.

Pluriel.

Nous avons ,	nous sommes,	nous aimons,
Vous avez ,	vous êtes,	vous aimez,
ils *ou* elles ont,	ils *ou* elles sont ,	ils *ou* elles aiment,
nous finissons ,	nous recevons,	nous rendons,
vous finissez ,	vous recevez,	vous rendez,
ils *ou* elles finissent,	ils *ou* elles reçoivent,	ils *ou* elles rendent.

IMPARFAIT.

J'avais, j'étais, j'aimais, je finissais , je recevais, je rendais.

PRÉTÉRIT.

J'eus,   je fus,   j'aimai,   je finis ,   je reçus,   je rendis.

PRÉTÉRIT ANTÉRIEUR.

J'eus eu, j'eus été, j'eus aimé, j'eus fini, j'eus reçu , j'eus rendu.

PRÉTÉRIT ANTÉRIEUR INDÉFINI.

Les deux verbes auxiliaires n'en ont point,

J'ai eu aimé ,   j'ai eu fini ,   j'ai eu reçu ,   j'ai eu rendu.

PLUSQUE-PARFAIT.

J'avais eu,	J'avais été ,	J'avais aimé.
J'avais fini,	J'avais reçu,	J'avais rendu.

FUTUR.

J'aurai, je serai, j'aimerai, je finirai, je recevrai, je rendrai.

FUTUR PASSÉ.

J'aurai eu,	j'aurai été,	j'aurai aimé.
J'aurai fini,	j'aurai reçu,	j'aurai rendu.

CONDITIONNEL PRÉSENT.

J'aurais, je serais, j'aimerais, je finirais, je recevrais, je rendrais.

CONDITIONNEL PASSÉ.

J'aurais eu,	j'aurais été,	j'aurais aimé,
ou	*ou*	*ou*
J'eusse eu,	j'eusse été,	j'eusse aimé.
J'aurais fini,	j'aurais reçu	j'aurais rendu,
ou	*ou*	*ou*
J'eusse fini,	j'eusse reçu,	j'eusse rendu.

IMPÉRATIF.

Un verbe est au mode impératif, quand on commande à quelqu'un, ou quand on exhorte quelqu'un à faire quelque chose, comme lorsqu'on dit : *aimez Dieu et la vérité.*

Un verbe n'a point de première personne à l'impératif, parce qu'on ne se commande point à soi-même.

Ce mode n'a que deux temps, le *présent* et le *futur*, parce qu'on commande soit pour qu'une chose se fasse présentement, soit pour qu'elle se fasse dans la suite.

PRÉSENT ET FUTUR.
Singulier.

Aye,	sois,	aime,
qu'il ait,	qu'il soit,	qu'il aime,
ou	*ou*	*ou*
qu'elle ait.	qu'elle soit.	qu'elle aime.
finis,	reçois,	rends,
qu'il finisse,	qu'il reçoive,	qu'il rende,
ou	*ou*	*ou*
qu'elle finisse.	qu'elle reçoive.	qu'elle rende.

Pluriel.

Ayons,	soyons,	aimons,
ayez,	soyez,	aimez,
qu'ils aient,	qu'ils soient,	qu'ils aiment,
ou	*ou*	*ou*
qu'elles aient.	qu'elles soient.	qu'elles aiment.
finissons,	recevons,	rendons,
qu'ils finissent,	qu'ils reçoivent,	qu'ils rendent,
ou	*ou*	*ou*
qu'elles finissent.	qu'elles reçoivent.	qu'elles rendent.

SUBJONCTIF.

Un verbe est au mode subjonctif, quand il y a avant lui un autre verbe auquel il est joint par la conjonction *que*, comme lorsqu'on dit : *il faut que je parte. Je suis charmé que vous soyez ici. Je serais fâché qu'il sortit,* ou *qu'elle sortit.*

Ce mode n'a que quatre temps : voici la manière de le conjuguer.

PRÉSENT ET FUTUR (*semblables*).

Que j'aie,	que je sois,	que j'aime,
Que je finisse.	que je reçoive.	que je rende.

IMPARFAIT.

Que j'eusse,	que je fusse.	que j'aimasse,
Que je finisse.	que je reçusse.	que je rendisse.

PRÉTÉRIT.

Que j'aie eu,	que j'aie été,	que j'aie aimé,
Que j'aie fini.	que j'aie reçu.	que j'aie rendu.

PLUS—QUE—PARFAIT.

Que j'eusse eu,	que j'eusse été,	que j'eusse aimé.
Que j'eusse fini.	que j'eusse reçu.	que j'eusse rendu.

INFINITIF.

Un verbe est au mode infinitif, quand il est terminé en *er* ou en *ir*, ou en *oir*, ou en *re* ; ainsi, *avoir, être, aimer, finir, recevoir, rendre,* sont des verbes au mode infinitif. Ce mode a sept *temps.*

PRÉSENT.

Avoir, être, aimer, finir, recevoir, rendre.

PRÉTÉRIT.

Ayant été aimé, ayant été fini, ayant été reçu, ayant été rendu.

PARTICIPE ACTIF PRÉSENT.

Ayant, étant, aimant, finissant, recevant, rendant.

PARTICIPE ACTIF PASSÉ.

Ayant été, ayant aimé, ayant fini, ayant reçu, ayant rendu.

PARTICIPE PASSIF PRÉSENT.

Eu, été, aimé, fini, reçu, rendu,

ou

étant aimé , étant fini , étant reçu , étant rendu.

PARTICIPE PASSIF PASSÉ.

Les auxiliaires n'en ont point.

Avoir eu, avoir été, avoir aimé, avoir fini, avoir reçu, avoir rendu.

GÉRONDIF.

Ayant, étant, *en* aimant, *en* finissant, *en* recevant, *en* rendant.

ou

Aimant, finissant, recevant, rendant.

DIVISION DES VERBES.

Il n'y a proprement que deux sortes de verbes : le verbe substantif et le verbe adjectif.

Le verbe substantif marque l'*existence* , et le verbe adjectif marque la manière d'*exister* : ainsi *être* est le seul verbe substantif, et tous les autres sont des verbes adjectifs. *Aimer*, signifie *être aimant; étudier, être étudiant.*

Il y a cinq sortes de verbes adjectifs, savoir : le verbe *actif,* le verbe *neutre,* le verbe *passif,* les verbes *réfléchis* et *réciproques,* et le verbe *impersonnel.*

Du Verbe actif.

Le verbe actif est celui qui a un régime , c'est-à-dire, après lequel on peut toujours mettre un de ces deux mots, *quelqu'un* ou *quelque chose ;* ainsi, *aimer, finir, recevoir, rendre,* sont des verbes actifs , parce qu'on peut dire :

Aimer quelqu'un , finir quelque chose.
Recevoir quelqu'un , rendre quelque chose.

Du Verbe neutre.

Le verbe neutre est celui qui a un régime indirect ou qui n'a point de régime, et après lequel on ne peut jamais mettre un de ces deux mots *quelqu'un* ou *quelque* chose : ainsi, *marcher*, *languir*, *croître*, sont des verbes neutres, parce qu'on ne peut pas dire : *marcher quelqu'un*, *languir quelque chose*, *croître quelqu'un*.

Il y a des verbes neutres qui se conjuguent avec les temps simples du verbe auxiliaire *avoir*, comme *dormir*, *dîner*, *souper*. Exemples :

J'ai dormi, j'ai dîné, j'ai soupé;

et ainsi de plusieurs autres.

Il y a d'autres verbes qui se conjuguent avec les temps simples du verbe auxiliaire *être*, comme *venir*, *arriver*, *aller*. Exemples :

Je suis venu, je suis arrivé, je suis tombé;

et ainsi de plusieurs autres.

Nota. Pour accoutumer les enfants à cette différence essentielle, il faut leur faire conjuguer plusieurs verbes.

Du Verbe passif.

Le verbe passif est un verbe après lequel on peut mettre un de ces mots *par quelqu'un* ou *par quelque chose*. Ce verbe est ordinairement composé du verbe auxiliaire *être*, joint à un participe passif d'un verbe actif; ainsi, *être aimé, être affligé*, sont des verbes passifs, parce qu'on peut dire : *être aimé par quelqu'un, être affligé par quelque chose*.

Le verbe passif suit la conjugaison du verbe auxiliaire *être*, dont il est formé; ce qui n'arrive que lorsqu'il se trouve joint au participe passif d'un verbe actif.

Du Verbe réfléchi.

Un verbe est réfléchi, lorsqu'on peut y ajouter *soi-même* après l'infinitif; ainsi, *se chagriner, s'amuser, se consoler*, sont des verbes réfléchis.

Les verbes réfléchis se conjuguent avec les pronoms conjonctifs *me, te, nous, vous, se*; il est aisé d'en donner des exemples.

Du Verbe réciproque.

Un verbe est réciproque lorsqu'on peut y ajouter le mot

ensemble, ou le mot *réciproquement* après l'infinitif; ainsi *se battre, se caresser,* etc. sont des verbes réciproques.

Ces verbes se conjuguent comme le verbe réfléchi, avec les pronoms conjonctifs *me, te, nous, vous, se.*

Du Verbe impersonnel.

Le verbe impersonnel est un verbe qui n'a que la troisième personne du singulier dans tous ses temps; comme *il pleut, il grêle, il tonne, il y a, il faut, il importe,* etc.

On voit que ces verbes ne peuvent avoir ni première ni seconde personne.

RÉGIME DU VERBE.

On appelle régime du verbe, le nom ou le pronom qui se trouve après le verbe.

Il y a deux sortes de régimes : le régime direct, et le régime relatif.

Ex. *Aimer l'étude, revenir de la campagne.*

Le régime direct est le nom ou le pronom qui se trouve immédiatement après le verbe. Dans *aimer l'étude, l'étude* est le régime direct du verbe *aimer,* parce qu'il n'en est point séparé.

Le régime relatif est le nom ou le pronom qui est séparé du verbe par *de* ou *à*; ainsi, dans *revenir de la campagne* ou *aller à la campagne; la campagne* est le régime relatif du verbe *aller* ou *revenir,* parce qu'il est séparé du verbe par *de* ou *à.*

DU PARTICIPE.

Le participe est un mot formé d'un verbe: *aimant, finissant, recevant, fuyant, rendant; aimé, fini, reçu, fui, rendu,* sont des participes formés des verbes *aimer, finir, recevoir, fuir, rendre.*

Il y a deux sortes de participes : le participe actif, et le participe passif.

Le participe actif est celui qui exprime une action qui

se fait ; il est toujours terminé en *ant*; ainsi, quand on dit *aimant l'étude, finissant un ouvrage, recevant une lettre, rendant service,* etc. ; *aimant, finissant, recevant, rendant,* sont des participes actifs.

Le participe passif est celui qui exprime une action qui est faite. Ce participe n'est jamais terminé en *ant ;* ainsi, quand on dit : *un homme aimé, un ouvrage fini, un présent reçu, un service rendu ; aimé, fini, reçu, rendu,* sont des participes passifs.

Le participe actif ne se décline point, et l'on dit également *un jeune homme aimant l'étude, une demoiselle aimant l'étude, des enfants lisant, des femmes lisant.*

Le participe passif ne se décline point non plus, lorsqu'il est suivi d'un nom substantif, comme dans ces exemples : *j'ai fini mes affaires, nous avons reçu vos lettres.* Mais il se décline lorsque le nom substantif est avant le participe, et alors il faut les faire accorder ensemble en genre et en nombre, et dire : *mes affaires sont finies ; vos lettres ont été reçues ; les ouvrages que j'avais commencés sont finis,* etc.

On voit par-là que le participe passif est déclinable comme les noms adjectifs.

EXEMPLES.

Je me suis réjoui, *ou elles se sont* réjouies *de votre bonheur.*
Les femmes ne sont pas soumises aux mêmes peines dont les hommes sont punis.

Le participe passif est indéclinable, lorsqu'il est suivi du nominatif de la phrase, comme dans ce qui suit :

EXEMPLES.

J'ai reçu toutes les lettres que m'ont écrit mes amis.
Avez-vous vu la lettre que vous a écrit votre père ?

Si le nominatif était avant le participe, il deviendrait déclinable ; il faudrait dire : *j'ai reçu les lettres que mes amis m'ont écrites. Avez-vous vu la lettre que votre père vous a écrite ?*

DU GÉRONDIF.

Le gérondif est un mot qui se termine en *ant,* comme

le participe actif ; et toute la différence qu'il y a entre ces deux mots, c'est qu'on peut toujours mettre *en* avant le gérondif, ce qu'on ne peut pas faire avant le participe.

EXEMPLE.

Etudiant comme vous faites, vous deviendrez savant.

Etudiant est un gérondif, parce qu'on peut dire : *en étudiant comme vous faites,* etc.

Il faut cependant excepter de cette règle les gérondifs *ayant, étant,* avant lesquels on ne peut jamais mettre *en.*

DE L'ADVERBE.

L'Adverbe est un mot indéclinable qui se met auprès du verbe pour marquer la manière dont se fait l'action exprimée par le verbe , comme quand on dit : *je vous aime tendrement , servez-moi fidèlement , vivre chrétiennement. Tendrement, fidèlement, chrétiennement,* sont des adverbes ; il y en a une infinité d'autres.

Il y a deux sortes d'adverbes : les adverbes simples et les adverbes composés.

Les adverbes simples sont ceux qui s'expriment en un seul mot, comme *tendrement, fidèlement , chrétiennement.*

Les adverbes composés sont ceux qui sont composés de plusieurs mots ; tels que *sans façon, tour-à-tour,* etc. *Agir sans façon, chanter tour-à-tour,* etc.

Manière de connaître les Adverbes.

Un mot est adverbe, quand il peut répondre à un de ces quatre mots : *quand ? où ? combien ? comment ?*

Ex. *Nous irons* bientôt *vous voir, et nous irons* en voiture.

Dans cet exemple, *bientôt* est adverbe, parce qu'on peus dire : *quand irons-nous ? bientôt. En voiture* est encore adverbe, parce qu'on peut dire : *comment irons-nous ? en voiture.*

Autre ex. *Les uns se placeront* devant *, les autres* derrière.

Devant et *derrière* sont des adverbes, parce qu'on peut dire : *où nous placerons-nous ? devant, derrière.*

Autre ex. *Nous serons* bonne compagnie, *et nous dépenserons* fort peu de chose.

Bonne compagnie est adverbe, parce qu'on peut dire : *combien serons-nous? bonne compagnie. Fort peu de chose* est encore adverbe, parce qu'on peut dire : *combien dépenserons-nous? fort peu de chose.*

DE LA PRÉPOSITION.

La Préposition est un mot indéclinable qui a toujours un nom substantif ou un pronom pour régime.

Il y a deux sortes de prépositions : les prépositions simples et les prépositions composées.

Les prépositions simples sont celles qui s'expriment en un seul mot, comme *après, avec, dans.*

Ex. Après *l'office, venez dîner* avec *moi. Entrons* dans *la maison.*

Les prépositions-composées sont celles qui sont composées de plusieurs mots, comme *en présence de, par rapport à, vis-à-vis de,* etc.

Ex. En présence de *tout le monde.* Par rapport à *vous.* Vis-à-vis de *ma fenêtre.*

Le mot *près* est une préposition : il est indéclinable ; lorsqu'il est terminé par une *s,* il signifie *sur le point de.*

Ex. *Votre ami est* près *d'arriver;*

c'est-à-dire, *sur le point d'arriver.*

Le mot *prêt* est adjectif et déclinable ; lorsqu'il est terminé par un *t,* il signifie *disposé à.*

Ex. *Etes-vous* prêt à *partir, ou* prête à *partir?*

c'est-à-dire , *êtes-vous disposé à partir,* ou *disposée à partir?*

On voit par-là que *près de mourir* signifie *sur le point de mourir,* et que *prêt à mourir* signifie *disposé à mourir.*

Avant est préposition quand il a un régime , comme dans *avant la fin du jour.*

Avant est adverbe quand il n'a point de régime, comme dans *s'enfoncer trop avant.*

Devant est préposition dans *marchez devant moi,* parce qu'il y a le pronom *moi* pour régime ; mais il est adverbe dans *je marcherai derrière, et vous devant,* parce qu'ici il n'a point de régime.

DE LA CONJONCTION.

Une conjonction est un mot indéclinable qui sert à lier ensemble les parties d'une phrase ; tels sont : *si, aussi, quand, encore, par conséquent, quand bien même,* et une infinité d'autres. Exemples :

> *Si vous allez à la campagne, j'irai* aussi.
> *Je n'étais pas* encore *au logis* quand *vous y arrivâtes.*

Si on ôte de ces deux phrases les conjonctions *si, aussi, quand, encore,* il n'y aura plus aucun sens. Ainsi les conjonctions servent à lier les mots et établissent le sens des phrases.

Les conjonctions sont simples ou composées ; les simples sont *si, aussi, quand, encore,* etc. Les composées sont *par conséquent, quand bien même, c'est pour cela que, ni plus ni moins que,* et plusieurs autres.

EXEMPLES.

> *Vous dites que vous voulez être savant :* par conséquent *vous devez étudier.*
> *Il faut dire la vérité,* quand bien même *elle ne vous serait pas avantageuse.*
> *Vous avez fait une belle action, et* c'est pour cela *qu'on vous estime.*
> *Je vous aime* ni plus ni moins que *si vous étiez mon frère.*

Que est conjonction, lorsqu'il est au commencement ou au milieu d'une phrase, et qu'il ne peut pas se tourner par *lequel* ou *laquelle, lesquels* ou *lesquelles,* etc.

> Ex. Que *chacun prenne garde à soi,* ou *il faut* que *chacun prenne garde à soi.*

Que, dans ces exemples, ne se rapporte à aucun nom substantif, et ne peut se tourner par *lequel* ou *laquelle, lesquels* ou *lesquelles.*

Il y a quelques prépositions qui deviennent conjonctions, lorsqu'elles se trouvent avant un verbe à l'infinitif.

EXEMPLES.

> *Loin de blâmer votre conduite, je la loue.*

Il faut être honnête homme, jusqu'à tout sacrifier à la probité.
On ne doit se reposer qu'après avoir travaillé.
Il faut mériter pour obtenir.
On ne doit blâmer personne sans l'entendre.

On voit, par ces différents exemples, que les mots *loin de, jusqu'à, après, pour, sans,* qui sont ordinairement prépositions avant un nom substantif ou un pronom, deviennent ici des conjonctions, parce qu'ils sont avant des verbes à l'infinitif.

DE L'INTERJECTION.

Une interjection est un mot indéclinable dont on se sert pour exprimer les différents mouvements de l'âme.

EXEMPLES.

Pour exprimer la joie, on dit :	Ah ! bon !
Pour applaudir :	Fort bien !
Pour la peine ou le plaisir :	Tant pis ! tant mieux !
Pour exprimer la douleur :	Hélas ! mon Dieu !
Pour exprimer l'aversion, le mépris :	Fi ! fi donc !
Pour encourager :	Allons ! courage !
Pour arrêter ;	Tout beau ! doucement !
Pour faire cesser :	Holà ! assez !
Pour faire taire :	Paix ! paix-là !

Le ton de la voix distingue et détermine ordinairement le sens de l'interjection ; chacune doit avoir une inflexion particulière, suivant les différentes passions qui animent la personne qui parle.

INSTRUCTION

Pour les personnes qui enseignent à lire.

L'ÉCRITURE a, comme le discours, ses pauses, ses intervalles ; pour les distinguer, on a inventé la *Ponctuation.* On appelle ainsi la manière de placer les points et les virgules dans le discours imprimé, écrit ou prononcé. Le point marque l'intervalle le plus considérable. On fait toujours usage de la virgule pour séparer tous les membres d'une phrase qui sont unis par la construction. On a cru devoir mettre sous les yeux des enfants des exemples qui servent à leur faire connaître l'usage du point et de la virgule, employés séparément ou ensemble.

On admet encore dans l'Écriture d'autres figures, sur lesquelles il est essentiel de donner quelques instructions. Ces figures sont :

L'apostrophe ('),
Le trait d'union (–),
Les deux points sur les voyelles (ë, ï, ü),
La cédille (ç),
La parenthèse ()

DE LA PONCTUATION.

La Ponctuation consiste à placer les Points et les virgules, de manière à établir le sens et la clarté du discours écrit ou prononcé.

La Ponctuation est composée de six petits caractères, dont voici les noms et la forme.

Caractères de Ponctuation.

, La Virgule.
; Le Point avec la Virgule.
: Les deux Points.

8

. Le Point seul.

? Le Point d'interrogation.

! Le Point d'admiration.

Manière de placer la Virgule.

On place la Virgule à l'endroit de la phrase où l'on s'arrête pour reprendre haleine, quoique le sens ne soit pas fini. Exemple tiré de l'Oraison funèbre de M. le Vicomte de Turenne, par M. Fléchier.

« Turenne meurt, tout se confond, la fortu-
» ne chancelle, la victoire se lasse, la paix s'é-
» loigne, l'armée en deuil s'occupe à lui rendre
» les devoirs funèbres, etc. »

On place encore la Virgule après les noms de Dieu et des Saints, d'arts, de sciences, de lieux, de pays, des grands hommes, etc. comme dans ces exemples.

« Nous devons à Dieu, à la sainte Vierge, à
» la Religion, l'hommage le plus sincère, etc.

» Les enfants doivent apprendre de bonne
» heure l'histoire, la géographie, la musique,
» les langues vivantes, etc.

« Les quatre parties du monde sont l'Euro-
» pe, l'Asie, l'Afrique et l'Amérique.

» Alexandre, César, etc. ont acquis moins
» de véritable gloire que Charlemagne, saint
» Louis, etc.

Manière de placer le Point avec la Virgule.

Le Point avec la Virgule sert à séparer les différents membres d'une longue phrase, dont le sens complet dépend de différentes parties. En voici un exemple tiré du même discours de M. Fléchier, sur la mort de M. de Turenne.

« N'attendez pas, messieurs, que j'ouvre ici
» une scène tragique ; que je représente ce
» grand homme étendu sur ses propres tro-
» phées ; que je découvre ce corps pâle et san-
» glant, auprès duquel fume encore la foudre
» qui l'a frappé ; que je fasse crier son sang
» comme celui d'Abel, etc.

Autre exemple tiré du même discours.

» Si M. de Turenne n'avait su que combattre
» et vaincre ; si sa valeur et sa prudence n'a-
» vaient été animés d'un esprit de foi et de cha-
» rité, je le mettrais au rang des Fabius et des
» Scipion.

Manière de placer les deux Points.

Les deux Points marquent un sens plus complet que le Point et la Virgule : on les met après
une phrase dont le sens est achevé, mais à laquelle on ajoute encore quelque chose pour
l'éclaircir. En voici un exemple.

Madame de Sévigné raconte dans une lettre
écrite à son gendre, la mort de M. de Turenne.

» C'est à vous que je m'adresse, mon cher
» Comte, pour vous écrire une des plus grandes
» pertes qui pût arriver à la France : c'est la
» mort de M. de Turenne.

Autre exemple tiré du même discours, par
M. Fléchier.

» Dieu immole à sa souveraine grandeur de
» grandes victimes : il frappe, quand il lui plaît,
» les têtes illustres qu'il a couronnées.

Manière de placer le Point seul.

Le Point seul se met à la fin des phrases dont le sens est complet et indépendant de toute autre phrase : en voici un exemple. C'est encore Madame de Sévigné qui écrit à son gendre la mort de M. de Turenne.

» Je suis assurée que vous serez aussi touché
» et aussi désolé que nous le sommes ici. Cette
» nouvelle arriva lundi à Versailles. Le Roi en a
» été affligé comme on doit l'être de la perte du
» plus grand capitaine et du plus honnête hom-
» me du monde. Jamais un homme n'a été re-
» gretté si sincèrement. Tout Paris était dans le
» trouble et dans l'émotion. Chacun parlait et
» s'attroupait pour regretter ce héros. »

Manière de placer le Point d'interrogation.

Le Point d'interrogation se met à la fin d'une phrase qui exprime une interrogation. En voici un exemple tiré de l'Ode à la Fortune, par M. Rousseau.

Fortune, dont la main couronne
Les forfaits les plus inouis,
Du faux éclat qui t'environne
Seront-nous toujours éblouis ?
Jusques à quand, trompeuse idole,
D'un culte honteux et frivole
Honorerons-nous tes autels ?
Verra-t-on toujours tes caprices
Consacrés par des sacrifices
Et par l'hommage des mortels ?

Manière de placer le Point d'admiration.

Le Point d'admiration se met à la fin d'une phrase qui exprime une exclamation. (*Voyez à l'Interjection, page* 132). En voici un exemple tiré des Odes sacrées de M. Rousseau.

> Oh ! que tes œuvres sont belles !
> Grand Dieu ! quels sont tes bienfaits !
> Que ceux qui te sont fidèles ,
> Sous ton joug trouvent d'attraits ! etc.

DES FIGURES EMPLOYÉES DANS L'IMPRESSION OU DANS L'ÉCRITURE.

L'ORTHOGRAPHE a admis dans notre langue des caractères particuliers consacrés à différents usages.

L'Apostrophe (') marque la suppression d'une voyelle ; elle se place ordinairement au-dessus de la lettre supprimée. On écrit *l'amour*, au lieu de *le amour*; *l'amitié*, au lieu de *la amitié*.

Le tréma (··) Ce sont deux points que l'on met sur les voyelles *e*, *i*, *u* : ë, ï, ü. On emploie ce signe pour marquer que la voyelle sur laquelle il est placé forme une syllabe distincte, et que le son qu'elle doit produire ne doit pas être confondu avec celui d'une voyelle dont elle serait précédée ; ces deux points sont aussi destinés à ôter toute équivoque. On prononce *Sa-ül :* s'il n'y avait pas de point sur l'*u*, on prononcerait *Saul*. On dit *ai-gu-ë*, *am-bi-gu-ë*, et si l'*e* n'était pas marqué de deux points, on prononcerait les deux dernières syllabes de ces mots comme les dernières syllabes des mots *langue, fatigue*.

La cédille (˛) est une espèce de petit *c* retourné; elle se place sous le *c*. Elle sert à marquer qu'il faut adoucir le son de cette lettre devant *a, o, u*. Le ç marqué d'une cédille produit à-peu-près le son de l's suivie d'un *a*, d'un *o*, ou d'un *u*. On écrit *leçon, il commença, il prononça, il a conçu,* on prononce *lesson, il commenssa, il prononssa, il a conssu.*

On appelle Parenthèse () deux crochets placés en regard, entre lesquels on renferme un petit nombre de paroles qui interrompent le sens du discours, et qui cependant sont nécessaires à l'intelligence de la phrase, comme on peut voir dans l'exemple suivant :

Le vainqueur de Renaud (si quelqu'un le peut être) sera digne de moi.

Le trait d'union (-) sert à unir deux mots qu'il faut prononcer comme s'ils n'en formaient qu'un.

Ex. Croit-il être instruit? Veut-il étudier?
Dût-il périr ? Aime-t-il l'étude?

Le trait de séparation (—) sert à remplacer les *dit-il, dit-elle,* qui dans les dialogues rendent le discours traînant et insipide.

Depuis quelque temps, on coupe en France les phrases par une suite de points.... placés horisontalement les uns après les autres. Cet usage a pour objet de montrer qu'il faut faire une pause aux phrases ainsi séparées, ou qu'il y a un sens non exprimé, mais qu'on devine aisément.

On emploie encore dans l'imprimerie de petits caractères appelés Guillemets (»), c'est une double virgule que l'on place au commencement de toutes les phrases et de toutes les lignes d'une citation. On trouvera dans les pièces suivantes des exemples de la différente ponctuation et de tous les caractères qui servent à marquer les nuances d'un discours.

LE CHIEN COUPABLE. -

FABLE.

Mon frère, sais-tu la nouvelle ?
Mouflar, le bon Mouflar, de nos chiens le modèle,
Si redouté des loups, si soumis au berger,
Mouflar vient, dit-on, de manger
Le petit agneau noir, puis la brebis sa mère,
Et puis sur le berger s'est jeté furieux.
    — Serait-ce vrai ? — Très-vrai, mon frère.
    — A qui donc se fier ? grands dieux ! —
C'est ainsi que parlaient deux moutons dans la plaine ;
Et la nouvelle était certaine.
Mouflar, sur le fait même pris,
N'attendait plus que le supplice ;
Et le fermier voulait qu'une prompte justice
Effrayât les chiens du pays.
La procédure en un jour est finie :
Mille témoins pour un déposent l'attentat.
Récolés, confrontés, aucun d'eux ne varie ;
Mouflar est convaincu de triple assassinat.
Mouflar recevra donc deux balles dans la tête
Sur le lieu même du délit.
A son supplice qui s'apprête
Toute la ferme se rendit.
Les agneaux de Mouflar demandèrent sa grâce :
Elle fut refusée. On leur fit prendre place.
Les chiens se rangèrent près d'eux,
Tristes, humiliés, mornes, l'oreille basse,
Plaignant, sans l'excuser, leur frère malheureux.
Tout le monde attendait dans un profond silence.
Mouflar paraît enfin, conduit par deux pasteurs ;
Il arrive, et levant au ciel ses yeux en pleurs,
Il harangue ainsi l'assistance :
— O vous, qu'en ce moment je n'ose, je ne puis
Nommer, comme autrefois, mes frères, mes amis,
Témoins de mon heure dernière,
Voyez où peut conduire un coupable désir !
De la vertu quinze ans j'ai suivi la carrière :
Un faux pas m'en a fait sortir.
Apprenez mes forfaits. Au lever de l'aurore,
Seul auprès du grand bois je gardais le troupeau ;
Un loup vient, emporte un agneau,
Et tout en fuyant le dévore.
Je cours, j'atteins le loup qui, laissant son festin,

          Vient m'attaquer ; je le terrasse
          Et je l'étrangle sur la place.
C'était bien jusques-là ; mais pressé par la faim,
De l'agneau dévoré je regarde le reste ;
J'hésite ; je balance... A la fin, cependant,
          J'y porte une coupable dent.
Voilà de mes malheurs l'origine funeste.
          La brebis vient dans cet instant ;
          Elle jette des cris de mère.
La tête m'a tourné : j'ai craint que la brebis
Ne m'accusât d'avoir assassiné son fils ;
          Et pour la forcer à se taire,
          Je l'égorge dans ma colère.
Le berger accourait armé de son bâton ;
          N'espérant plus aucun pardon,
Je me jette sur lui : mais bientôt on m'enchaîne,
          Et me voici prêt à subir
          De mes crimes la juste peine.
Apprenez tous du moins, en me voyant mourir,
          Que la plus légère injustice
Aux forfaits les plus grands peut conduire d'abord ;
          Et que, dans le chemin du vice,
          On est au fond du précipice
          Dès qu'on met un pied sur le bord.

JUPITER ET MINOS.

FABLE.

« Mon fils (disait un jour Jupiter à Minos*),
» Toi qui juges la race humaine,
» Explique-moi pourquoi l'enfer suffit à peine
» Aux nombreux criminels que t'envoie Atropos?....
» Quel est de la vertu le fatal adversaire
» Qui corrompt à ce point la faible humanité?
» C'est, je crois, l'intérêt. — L'intérêt ? non, mon père.
» — Et qu'est-ce donc ? — L'oisiveté.

FLORIAN.

---

* Jupiter, chez les païens, était le plus grand des Dieux. Minos
était le Juge dans les Enfers.

SONNET SUR LA JEUNESSE.

Jeunesse, ne suis point ton caprice volage :
Au plus beau de tes jours, souviens-toi de ta fin.
Peut-être verras-tu ton soir dans ton matin,
Et l'hiver de ta vie au printemps de ton âge.

La plus verte saison est sujette à l'orage ;
De la certaine mort le temps est incertain ;
Et de la fleur des champs le fragile destin
Exprime de ton sort la véritable image.

Mais veux-tu dans le ciel refleurir pour toujours ?
Ne garde point à Dieu l'hiver qui, des vieux jours,
Tient sous ses dures lois ta faiblesse asservie.

Consacre-lui les fleurs de ton jeune printemps,
L'élite de tes jours, la force de ta vie,
Puisqu'il est seul l'arbitre et l'auteur de tes ans.

INSTRUCTION

Sur la manière de faire lire ou réciter les Fables
aux enfants.

C'EST un talent que de savoir bien lire les vers. Peu
de gens le possèdent ; ceux même qui versifient le mieux
souvent ne le connaissent pas. Rien ne défigure tant un
morceau de poésie, quel qu'il soit, que de le réciter en
appuyant lourdement sur chaque syllabe, en coupant ré-
gulièrement en deux les vers alexandrins, et en s'appe-
santissant sur les rimes ; mais cette manière déplaît surtout à l'oreille d'un homme de goût, quand il s'agit de
Fables. Ce dernier genre est d'une si grande naïveté en
soi, la mesure des vers y est tellement arbitraire, le ton
en est si uni, si simple, si peu emphatique, qu'il ne
semble pas exiger plus de déclamation qu'une lettre, un
dialogue ou tout autre ouvrage de cette espèce en prose.
Toutefois les Fables, et principalement celles du célèbre
La Fontaine, renferment souvent des tours, des figures,
des finesses, des sens et des allusions si fréquentes qu'il
est impossible qu'un enfant saisisse d'abord, quoique né

avec des dispositions heureuses. Il ne serait donc pas raisonnable d'exiger de lui qu'il les récitât avec tous les tons convenables.

C'est assez pour les enfants d'un âge tendre et qui n'ont encore que de la mémoire, qu'ils sachent s'arrêter aux endroits où finit le sens, et qu'ils s'habituent à bien prononcer et à faire ensorte que leur voix ne soit ni glapissante ni rauque. On ne doit pas leur laisser prendre à leur fantaisie un prétendu ton familier, qui estropie presque toujours le sens de l'auteur, et qui n'est rien que familier pour prétendre à trop l'être. C'est assez, encore une fois, qu'ils sachent articuler les mots et distinguer le sens de chaque phrase, suivant les repos qui y sont ménagés, et non pas seulement suivant la mesure des vers et la chute des rimes : alors on doit être content d'eux : c'est tout ce qu'on peut raisonnablement leur demander.

Une chose plus commune dans les Fables que dans toute autre espèce de poëme, excepté dans les drames, c'est que les dernières syllabes d'un vers, indépendantes des premières pour la continuité exacte du sens, sont liées avec une partie du vers suivant, ou avec le vers entier et même avec quelques autres encore : auquel cas on doit prononcer de suite cette moitié de vers et tout ce qui compose le corps de la phrase, sans faire seulement attention à la rime. C'est ce qui rend difficile la lecture de ce genre de poésie, où l'on se donne plus de liberté que dans les genres élevés, et où cette liberté même est la source d'un grand nombre de beautés ; voilà ce qu'il faut s'étudier à bien apprendre aux enfants.

Que l'un d'eux aie à réciter la Fable intitulée *le Chat, la Belette et le petit Lapin*, il faut l'arrêter à tous les repos, dès qu'on veut qu'il la récite, sinon avec toutes les graces imaginables, du moins avec quelque bon sens :

> Du palais d'un jeune lapin
> Dame belette un beau matin
> S'empara.

Il y a ici un point que l'enfant doit marquer, malgré

la mesure du vers qui se trouve rompue par ce repos , dont l'énergie est admirable.

C'est une rusée.

Cette petite réflexion doit être détachée par le récit.

Le maître était absent, ce lui fut chose aisée.

Autre repos. Tout le commencement de cette fable demande à être coupé par celui qui récite, à mesure qu'il se rencontre des points qui terminent le sens. Mais lorsqu'une fois l'auteur fait parler la belette, comme son dessein a été de peindre le caquet de ce petit animal femelle, et que tout ce qu'il lui fait dire est extrêmement serré et presque sans aucun intervalle sensible, l'enfant ne doit pas s'arrêter, par la raison pour lui, qu'il n'y a pas de points dans ce petit discours : c'était un beau sujet de guerre, qu'un logis où le lapin n'entrait qu'en rampant !

Et quand ce serait un royaume,
Je voudrais bien savoir, dit-elle, quelle loi
En a pour toujours fait l'octroi
A Jean, fils ou neveu de Pierre ou de Guillaume,
Plutôt qu'à Paul, plutôt qu'à moi.

On sent que tout cela doit être dit de suite : et assurément en n'exigeant que cette attention d'un enfant, on aura lieu d'être fort satisfait de lui, s'il partage ainsi le sens de chaque endroit d'une des plus jolies Fables du monde, et de toutes celles qu'on pourra lui faire apprendre par cœur pour exercer sa mémoire. Les tons viendront après. Il ne lui faut parler ni de pieds, ni d'hémistiches, ni de rimes. On ne doit sentir que fort légèrement ces choses, en entendant réciter des Fables.

Tantôt c'est le singe de la foire, qui tâche d'attirer des spectateurs :

. . . . Venez, de grâce,
Venez, Messieurs,
je fais cent tours de passe-passe ;
Cette diversité dont on vous parle tant,
Mon voisin Léopard l'a sur soi seulement.
Moi, je l'ai dans l'esprit.
Votre serviteur Gille,

       Cousin et gendre de Bertrand.
       Singe du pape en son vivant,
       Tout fraîchement dans cette ville
Arrive en trois bateaux exprès pour vous parler;
Car il parle;
           On l'entend;
                    Il sait danser, baller,
       Faire des tours de toute sorte;
Passer en des cerceaux;
                Et le tout pour six blancs:
Non, messieurs, pour un sou.
                   Si vous n'êtes contents,
Nous rendrons à chacun son argent à la porte.

Tantôt c'est le savetier interrogé par un homme de finance :

          . . . . Or çà, sire Grégoire,
Que gagnez-vous par an ?
               Par an ? ma foi, monsieur,
    (Dit avec un ton rieur
Le gaillard savetier,)
            Ce n'est pas ma manière
De compter de la sorte;
             Et je n'entasse guère
Un jour sur l'autre :
          Il suffit qu'à la fin
      J'attrape le bout de l'année.
      Chaque jour amène son pain.
— Eh bien ! que gagnez-vous, dites-moi, par journée?
— Tantôt plus, tantôt moins.
          Le mal est que toujours
(Et sans cela nos gains seraient assez honnêtes;)
Le mal est que dans l'an s'entremêlent des jours
    Qu'il faut chômer;
           On nous ruine en fêtes.
L'une fait tort à l'autre :
             Et monsieur le curé
De quelque nouveau saint charge toujours son prône.

Ici c'est le roseau plaint d'une manière un peu insultante par le chêne :

La nature envers vous me semble bien injuste :
— Votre compassion, lui répondit l'arbuste,
Part d'un bon naturel;
           Mais quittez ces soucis.

Les vents me sont moins qu'à vous redoutables.
Je plie et ne romps pas.
          ·Vous avez jusqu'ici
    Contre leurs coups épouvantables
    Résisté sans courber le dos:
Mais attendons la fin;
          Comme il disait ces mots,
Du bout de l'horizon accourt avec furie
    Le plus terrible des enfants
Que le nord eût porté jusque-là dans ses flancs.
     L'arbre tient bon;
          Le roseau plie:
    Le vent redouble ses efforts,
    Et fait si bien, qu'il déracine
Celui de qui la tête au ciel était voisine,
Et dont les pieds touchaient à l'empire des morts.

   Ailleurs, c'est la grenouille qui pour égaler le bœuf en grosseur,

Envieuse s'étend,
       Et s'enfle,
          Et se travaille,
    Disant :
       Regardez bien, ma sœur;
Est-ce assez, dites-moi?
        N'y suis-je point encore?
Nenni.
    M'y voici donc?
        Point du tout.
           M'y voilà?
Vous n'en approchez pas.
        La chétive pécore
   S'enfla si bien qu'elle creva.

Il est incontestable que de tels morceaux lus ou récités simplement comme ils sont imprimés ici, indépendamment des tons qui conviennent au discours, auront toujours assez de grâce dans la bouche d'un enfant, et feront voir en lui, sinon beaucoup de goût, du moins assez de bon sens et d'intelligence. Et que veut-on de plus à son âge? Attendons que l'esprit et la raison soient formés en lui, et alors nous lui permettrons d'essayer de faire sentir aux autres les beautés qu'il sentira lui-même. Alors le sens lui rendra la raison des points, au lieu que quand il était encore enfant, les points lui rendaient raison du sens: il séparera de même qu'autrefois les phrases les unes des autres ; mais avec cette différence qu'il entrera dans l'esprit de l'auteur, en les distinguant par des repos. Il dira comme il faisait jadis :

> Du palais d'un jeune lapin,
> Dame belette un beau matin
> S'empara.

Mais ce ne sera plus uniquement parce qu'il y a un point après le mot *s'empara* qu'il s'y arrêtera ; ce sera plutôt parce que ce mot peint l'action de la belette, et qu'il est rejeté à l'autre vers pour attirer sur soi toute l'attention de celui qui lit ou qui écoute.

A cette manière intelligente de couper les vers sans aucun égard à la mesure, et seulement suivant que le sens l'exige, il joindra les tons, qui sont comme les couleurs dans un tableau.

Mais ceci est un nouveau travail qui demande une attention extrême, un esprit fin, un goût sûr, et pour lequel il faut des détails dont cet ouvrage n'est pas susceptible.

INTRODUCTION

A L'ÉTUDE DE L'HISTOIRE ET DE LA GÉOGRAPHIE,

ou

Explication des termes propres à ces deux sciences.

TERMES PROPRES A L'HISTOIRE.

L'HISTOIRE embrasse la connaissance des évènements et des faits qui se sont passés dans l'univers, depuis le moment de sa création. Cette connaissance nous a été transmise par tradition où par écrit.

Première division de l'Histoire en général.

La tradition, autrement dite l'histoire orale ou de bouche, est le recueil des récits faits par les premiers hommes à leurs enfants de tout ce qui était arrivé de remarquable pendant le cours de leur vie.

L'histoire écrite comprend tous les faits dont la mémoire s'est conservée par l'écriture ou par quelqu'autre signe expressif et permanent.

L'histoire en général a pour objets :

1° Les faits considérés en eux-mêmes, indépendamment de toute autre attention.

2° Les différents degrés de certitude qui forment plus ou moins de probabilité.

3° L'ordre des temps ou la chronologie qui les lie, en observant entr'eux la distance précise qui les sépare.

4° La description des lieux, ou la géographie, qui assigne aux évènements leur véritable place dans l'univers.

Premier objet de l'Histoire.

Les faits considérés en eux-mêmes émanent de Dieu,

de l'homme ou de la nature. Emanés de Dieu, ils appartiennent à l'histoire sacrée ; œuvres des hommes, ils appartiennent à l'histoire profane ; effets ds la nature, ils appartiennent à l'histoire naturelle.

L'histoire sacrée a pour objet le rapport immédiat et direct de l'Etre-Snprême avec les créatures.

Cette histoire se divise en histoire ecclésiastique proprement dite, et en histoire des prophéties.

L'histoire ecclésiastique proprement dite est celle des faits dont l'évènement a précédé le récit.

L'histoire des prophéties est celle dont le récit a précédé et annoncé l'évènement.

L'homme considéré dans ces rapports avec Dieu, présente le tableau de sa soumission ou de ses infidélités aux lois de son créateur ; ce qui forme l'histoire ou le recueil de tous les préceptes divins ou naturels ; ou, il retrace l'histoire de l'exactitude ou de l'oubli de l'hommage dû à la divinité, et celle des changements légitimes ou criminels introduits dans le culte : ce qui forme l'histoire de la Religion.

Dieu, en divers temps, a donné trois lois différentes. Ces lois sont : la loi de nature non écrite, donnée à tous les hommes ; la loi de nature écrite, donnée aux Juifs, nation par lui choisie à l'exclusion des autres peuples ; et la loi de grâce également donnée au fidèle et à l'idolâtre, aux Juifs et aux Gentils.

La loi de nature non écrite commença à la création, et dura jusqu'au vingt-sixième siècle. La loi de nature écrite fut dictée par Dieu même à Moïse, pour remplacer la loi de nature non écrite, que la plupart des hommes avaient défigurée. La loi de grâce vint suppléer à l'insuffisance de la loi de nature écrite. C'est à la naissance de Jésus-Christ, au quarantième siècle, que le genre humain est redevable de ce bienfait.

De ces trois lois naquirent trois religions : la naturelle, la juive et la chrétienne. La religion naturelle, défigurée, produisit le paganisme ou l'idolâtrie, et Mahomet forma la sienne du mélange absurde des trois religions.

L'histoire profane embrasse toutes les actions générales ou particulières des différentes sociétés humaines, leurs établissements, leurs alliances entr'elles, leurs découvertes, leurs observations, et par conséquent tous les différents progrès du génie et des arts.

L'histoire naturelle est celle de tous les effets de la nature considérée dans toutes ses parties, depuis les astres jusqu'aux animaux et aux végétaux.

L'histoire universelle est celle qui réunit les évènements sacrés, profanes et naturels.

Second objet de l'Histoire. Les preuves de sa certitude.

La certitude que produit l'Histoire orale ou de bouche, dérive de la persuasion où l'on a été dans chaque âge, que les faits dont elle nous a conservé le souvenir, avaient passé de génération en génération, sans aucune altération; la tradition qui en a perpétué la mémoire ayant été générale, constante, et remontant jusqu'aux temps des évènements mêmes. C'est par l'existence des monuments, par les actes, les titres, les pièces écrites du temps des évènements, par les ouvrages des différents historiens qui ont été témoins des faits qu'ils racontent, ou qui ont travaillé sur les mémoires de ceux qui les avaient vus, que l'Histoire écrite établit la certitude des faits qu'elle nous a transmis.

Troisième objet de l'Histoire. La Chronologie.

La Chronologie forme la chaîne générale des évènements que l'Histoire reproduit, pour ainsi dire, dans l'ordre des temps où ils sont arrivés.

L'Histoire conduite par la Chronologie est la science des temps, des dates et des époques.

Le temps se partage en jours, en semaines, en mois, en années et en siècles.

On appelle jour, une révolution de vingt-quatre heures: une semaine en comprend sept. Une année est composée de trois cent soixante-cinq jours, ou de douze mois. Cent années forment un siècle.

Les Grecs partageaient leurs temps historiques par Olympiades. C'étaient des espaces de quatre ans, qui se comptaient d'une célébration des jeux olympiques à l'autre.

C'est à l'établissement du cens terminé par une purification qu'on nommait *lustrum*, qu'on fait remonter chez les Romains l'usage de compter par lustres. Ce dénombrement se faisait tous les cinq ans. Un lustre est une période de cinq années.

Le temps divisé en siècles, en années, en mois, en semaines et en jours, est la continuité de la durée des êtres.

Les dates sous lesquelles les événements sont rangés, sont les différents point de cette durée.

Les époques sont prises des dates de quelques évènements plus remarquables que les autres, déterminés par les Chronologistes.

Il y a trois systèmes de Chronologie, qui étendent et resserrent l'espace de temps qui s'est passé entre la création et l'année où nous vivons. Ces trois systèmes ont pris leurs noms de différents textes de l'Ecriture Sainte qu'ils suivent, qui sont le texte Hébreu, le texte Samaritain, et le texte des Septante.

La Chronologie des Septante assigne au monde une durée de 7075 ans : le texte Samaritain compte 6091 ans. La Chronologie du texte Hébreu que nous suivons, borne cette durée à 5840 ans.

Les temps plus ou moins éloignés donnent à l'histoire le caractère d'ancienne ou de moderne.

Seconde division de l'Histoire en général. Durée du temps qu'elle embrasse.

L'histoire ancienne est celle des évènements qui ont précédé la naissance de J.-C.

L'histoire moderne est celle qui rapporte ce qui est arrivé depuis J.-C. jusqu'à ce jour.

On compte quarante siècles ou quatre mille ans depuis la création du monde jusqu'à la venue du Messie, et plus de dix-huit siècles depuis cet évènement jusqu'à nous, ce qui forme en tout plus de cinquante-huit siècles.

Troisième division de l'Histoire par ses différents âges.

L'histoire ancienne et moderne se divise ordinairement en âges et en époques. Ces âges et ces époques sont marqués par des événements fameux.

On compte sept âges du monde.

Le premier âge a commencé à la création et finit au Déluge, au dix-septième siècle.

Le second âge dure depuis le déluge universel jusqu'à la Vocation d'Abraham, au vingt-unième siècle, l'an 2084, pendant une suite d'un peu plus de quatre siècles ou de quatre cent vingt-sept ans.

Le troisième âge, commençant à Abraham, finit à Moïse, au vingt-sixième siècle, ou l'an 2513 ; sa durée est d'un peu plus de quatre siècles ou de quatre cent trente ans.

Le quatrième âge a commencé à la sortie des Israélites de l'Egypte, et a fini au règne de Salomon, au trentième siècle, ou l'an 3000, après une durée de près de cinq siècles ou de quatre cent quatre-vingt-sept ans.

Le cinquième âge comprenant une durée de plus de quatre siècles et demi ou de quatre cent soixante huit ans, a commencé à la consécration du premier temple bâti en l'honneur du vrai Dieu, par Salomon, et finit au rétablissement des Juifs au 35me siècle, l'an 3468.

Le sixième âge, finissant à la naissance de J.-C., au 40me siècle, ou l'an 4000, a duré depuis la fin de la captivité des Juifs, pendant un espace de plus de cinq siècles, ou de cinq cent trente-deux années.

Le septième âge a commencé à la naissance du Messie, et dure encore.

Quatrième division de l'Histoire en dix-neuf époques.

C'est l'histoire sacrée qui fournit les événements dont les sept âges portent le nom ; il n'en est pas de même des époques prises indistinctement dans l'histoire sacrée et dans l'histoire profane. Ces époques, au nombre de dix-neuf, sont :

Première époque : la création de l'univers. Cette époque dure seize siècles et demi ; elle finit au 17me siècle.

Deuxième époque : le déluge arrivé l'an 1656, au 17me siècle. Cette époque dure 427 ans, et finit à la vocation d'Abraham.

Troisième époque : la Vocation d'Abraham au 21me siècle, l'an 2083. Cette époque dure 430 ans ; elle finit à Moïse ou au temps de la loi écrite.

Quatrième époque : Moïse ou la loi écrite, au 26e siècle, l'an 2513. Cette époque finit à la prise de Troie ; elle dure 307 ans.

Cinquième époque : la ruine de Troie au 29e siècle, l'an 2820. Cette époque finit à la construction du Temple, et dure 180 ans.

Sixième époque : le Temple de Jérusalem, bâti au 30me siècle, l'an 3000. Cette époque finit à la fondation de Rome ; elle dure 250 ans.

Septième époque : Rome fondée par Romulus, au 33me siècle, l'an 3250. Cette époque finit à Cyrus, ou au rétablissement des Juifs ; elle dure 218 ans.

Huitième époque, Cyrus ou le rétablissement des Juifs, au 35me siècle, l'an 3468. Cette époque dure 180 ans ; elle finit à la naissance d'Alexandre.

Neuvième époque : la naissance d'Alexandre-le Grand, au 37me siècle, ou l'an 3648. Cette époque finit à la destruction de Carthage ; elle dure 210 ans.

Dixième époque : la destruction de la ville de Carthage par Scipion Emilien, au 39me siècle, l'an 3858. Cette époque dure 142 ans, elle finit à la naissance de J.-C.

Onzième époque : la naissance du Messie, au 40me siècle, l'an 4000. Cette époque dure 316 ans ; elle finit à Constantin.

Douzième époque : Constantin, ou la paix rendue à l'Eglise par cet empereur, au 44me siècle, ou l'an 312 de l'Ere vulgaire. Cette époque finit à la fondation de la monarchie française ; elle dure 169 ans.

Treizième époque : fondation de la Monarchie française par Clovis, au 45me siècle, l'an de l'Ere vulgaire 481. Cette époque finit à Charlemagne ; elle dure 319 ans.

Quatorzième époque : Charlemagne , ou fondation du nouvel Empire d'Occident, au 48me siècle, l'an de l'Ere vulgaire 800. Cette époque dure 187 ans ; elle finit à Hugues-Capet.

Quinzième époque : Hugues-Capet, ou troisième race des Rois de France sur le trône, au 50me siècle, l'an de l'Ere vulgaire 987. Cette époque finit à saint Louis ; elle dure 283 ans.

Seizième époque : saint Louis, ou la fin des Croisades, dont la dernière au 53me siècle, ou l'an de l'Ere vulgaire 1270. Cette époque finit à Henri IV; elle dure 323 ans.

Dix-septième époque : Henri IV, ou la branche des Bourbons sur le trône de France, au 56me siècle, l'an 1589 de l'Ere vulgaire. Cette époque dure 49 ans ; elle finit à Louis XIV.

Dix-huitième époque : la naissance de Louis XIV, au 57me siècle , l'an de l'ère vulgaire 1638. Cette époque dure 72 ans.

Dix-neuvième époque : la Révolution française et le renversement de la Monarchie, au 68e siècle, l'an de l'Ere vulgaire 1789 ; elle a duré 25 ans.

Vingtième époque : le rétablissement de la Monarchie, en 1814.

Définition des différ ntes Eres.

Les Espagnols ont introduit dans la chronologie l'usage des Eres. Les Eres sont des époques déterminées par différentes nations, et adoptées par elles pour fixer l'éloignement des faits qui ont suivi les évènements mémorables, d'après lesquels elles ont commencé à compter les années.

Les Eres les plus remarquables sont la 1re Olympiade.

L'Ere de Nabonassar, roi de Babylone, qui a commencé à régner au 33me siècle, ou l'an 3257.

L'Ere des Séleucides, connue sous le nom des *années d s Grecs*, et adoptée par les Juifs soumis à la domination de ces peuples. Elle a commencé au 37me siècle, ou l'an 3692.

La première année Julienne, au 40me siècle. Cette

année commence à la réformation du calendrier par Jules-César, l'an 3959.

L'Ere d'Espagne, au 40me siècle, commence à la réduction entière de cette partie de l'Europe sous la puissance des Romains, l'an 3966.

L'Ere vulgaire, imaginée par *Denys le Petit*, commence au 41me siècle, ou l'an 4004 du monde. Cette année répond à la quatrième année de Jésus-Christ.

L'Ere de Dioclétien commence au 43me siècle, ou l'an 284 de l'Ere vulgaire.

L'Ere de Dioclétien commence au 43me siècle, ou l'an 284 de l'Ere vulgaire.

L'Hégire ou la fuite de Mahomet, arrivée le 16 Juillet de l'an 622 de l'Ere vulgaire. Cette Ere, suivie par les Arabes, commence au 47me siècle.

Cinquième division de l'Histoire en ses différentes périodes.

Le peu d'évènements que présente l'histoire des temps qui ont précédé le déluge, l'incertitude de ceux qui sont arrivés dans les siècles qui l'ont suivi, ont fait partager l'histoire en trois grandes périodes. La première, depuis la création jusqu'au déluge, remplit un espace de dix-sept siècles et demi. La seconde, depuis le déluge jusqu'à la première Olympiade, comprend une révolution d'environ seize siècles. La troisième, depuis la première olympiade jusqu'à présent, embrasse une durée de plus de vingt-cinq siècles et demi.

La première période est presqu'entièrement inconnue : on ne découvre rien dans les historiens de relatif à cette période, qui puisse présenter un caractère de vérité, excepté dans deux ou trois écrivains cités par Joséphe, dont les récits touchant le déluge et les temps qui l'ont précédé, s'accordent à plusieurs égards avec les écrits de Moïse.

La seconde période est le temps héroïque ou fabuleux, ainsi nommé à cause des fables qui se trouvent mêlées dans l'histoire de ces temps. C'est dans cet intervalle qu'il faut placer l'origine des dieux et des héros que tous les peuples ont honorés d'un culte particulier.

La troisième période est la période historique : depuis ce temps, la plupart des événements se trouvent assujettis à des règles. On peut recourir aux monuments publics, consulter et comparer les témoignages des historiens contemporains, et présenter avec confiance le tableau véritable des révolutions de l'univers.

Il faut observer que cette division de l'histoire en temps historiques, fabuleux et inconnus ne peut convenir qu'à l'histoire profane, et ne pas perdre de vue que l'histoire sainte, fondée sur la révélation, la tradition et le témoignage constant de toute une nation subsistante en corps, témoignage contre lequel nul des Hébreux n'a jamais réclamé, porte avec elle les marques les plus évidentes de cette vérité incontestable.

Sixième division de l'Histoire en millénaires et en siècles.

La division la plus naturelle de l'histoire partage la durée des temps qui nous séparent de la première époque en six millénaires, composés chacun de mille ans ou de dix siècles, placés perpendiculairement les uns sur les autres. Dans cette division, les cinquante-huit siècles et demi qui se sont écoulés depuis la formation du monde, sont distingués par des dénominations particulières ; ces dénominations sont p.ises des événements les plus remarquables, des découvertes et des institutions les plus utiles à l'humanité.

Quatrième objet de l'Histoire. La Géographie.

Le secours de la Géographie est indispensablement nécessaire à l'intelligence de l'histoire ; c'est par la description des différentes parties du globe, qu'on peut acquérir une connaissance exacte et précise des événements qu'elle a rapportés.

TERMES PROPRES A LA GÉOGRAPHIE.

Dans le temps de la création, la terre a été séparée des eaux, le soleil et les astres ont été placés dans le firmament, suivant les ordres de l'Arbitre de l'Univers. La considération de ces merveilles, leur description, voilà quel est l'objet de la Géographie. Elle embrasse toutes les différentes parties du globe terrestre, leur rapport avec le ciel, et tout ce qui, sur la surface de la terre, tire son origine de l'institution des hommes. Ainsi cette science peut être divisée d'abord en Géographie naturelle, en Géographie astronomique et en Géographie historique.

GÉOGRAPHIE NATURELLE.

La Géographie naturelle est la description simple de la terre et de l'eau. Elle désigne les divisions que ces deux éléments ont formées sur la surface du globe. Elle représente la mer, les continents, les îles, les isthmes, les détroits, les fleuves, les lacs, les montagnes.

La Géographie naturelle, ou la description du Globe, comprend la Géographie proprement dite et l'Hydrographie.

La Géographie proprement dite est la description particulière de la terre. L'Hydrographie est la description particulière de l'eau.

La Géographie proprement dite, admet encore une autre division, lorsqu'on la considère par rapport à l'étendue du pays qu'elle entreprend de décrire. Embrasse-t-elle la description générale du globe, c'est la Cosmographie. S'arrête-t-elle aux détails principaux d'une partie considérable de la terre, on la nomme Chorographie. Marque-t-elle toutes les particularités d'une étendue de terrain de médiocre grandeur, on la distingue sous la dénomination de Topographie.

Le globe terrestre se partage en terre ferme et en mers. Les plus grandes étendues de terre environnées d'eau s'appellent continents ou terres fermes. La mer est cet amas immense d'eau qui environne les continents.

L'assemblage des eaux de toutes les mers s'appelle l'Océan. Le nom d'Océan, qui semble devoir être commun à toutes les mers, est appliqué particulièrement à celle qui environne l'ancien continent.

Les deux portions générales du globe appelées Terre ferme et Mer, s'étendent réciproquement l'une dans l'autre. Toutes deux ont des limites qui les circonscrivent et les bornent. Les noms de ces circonscriptions sont différents et opposés, quoiqu'ils aient quelques rapports entr'eux. La terre s'avance dans l'eau, l'eau à son tour s'avance dans la terre. Il y a des parties de terre absolument environnées d'eau : on trouve des assemblages d'eau que la terre entoure de tous côtés.

La mer qui embrasse les continents, en pénétrant leur intérieur, forme, par le partage de ses eaux, des mers intérieures, auxquelles on donne les noms de Méditerranée, de Golfes, de Baies, d'Anses.

On appelle mer Méditerranée une portion considérable des eaux de la mer qui sépare plusieurs régions de la terre, entre lesquelles elle se trouve resserrée. Un golfe est une portion de la mer qui s'avance dans les terres, excepté dans un endroit par où elle communique à la mer ou à quelque autre Golfe. La Baie est un diminutif du Golfe. L'Anse est un diminutif de la Baie.

La communication de ces différentes parties de la mer se fait par des canaux que l'on appelle Détroits, à cause de leur peu d'étendue entre les terres qui les resserrent. On les désigne encore par les mots de Manche, de Pas, de Canal, de Pertuis, de Bosphore, d'Euripe.

On divise la mer en haute mer et en rivages. On appelle haute mer la partie éloignée des terres. On désigne, sous le nom de rivages, les parties de la mer qui baignent les côtes, et qui règnent le long des terres. On donne aussi communément le nom de rivages aux terres qui sont lavées par les eaux de la mer.

Les rivages présentent ou des Ports, qui sont des portions de la mer resserrées dans les terres, qui servent de retraite aux vaisseaux contre le mauvais temps; ou des Rades qui sont des espaces de mer peu éloignées des terres, où les vaisseaux peuvent mouiller et être à l'abri de certains vents; ou des Plages, qui sont des surfaces d'eau de médiocre hauteur, étendues sur un terrain uni; ou des Falaises, qui sont des endroits où la mer vient se briser contre des bords escarpés. La mer en baignant les rivages, y rassemble d'espace en espace des collines de sable ou de cailloutages qu'on appelle Dunes.

On trouve encore sur le globe terrestre des amas ou des courants d'eau qui n'appartiennent point à la mer, quoique quelques-uns s'y précipitent. On appelle Lac une étendue d'eau réunie au milieu des terres, sans aucune issue et sans aucun cours. Il sort d'une infinité d'endroits de la terre des sources qui se rassemblent dans leurs cours et forment des canaux qu'on appelle Rivières ou Fleuves. La longueur du cours, la largeur du lit, distinguent les Fleuves des Rivières. Les Fleuves sont plus considérables. Ces courants d'eau se perdent les uns dans les autres, ou vont se jeter dans la mer. On appelle Embouchure le lieu où leurs eaux se mêlent, soit avec les eaux d'une Rivière, soit avec celles d'un Lac, soit avec celles de la mer.

Les Torrents sont des espèces de lits de Rivière qui se remplissent par intervalles des eaux provenant des pluies ou de la fonte des neiges, et qui demeurent à sec après leur écoulement.

Les Rivières sont comme le reste de la surface de la terre. Leurs lits ne sont pas toujours unis: il en est où il se rencontre des hauteurs. Ces inégalités suspendent le cours des eaux qu'elles rassemblent en plus grande quantité : devenues plus rapides et plus élevées par cet accroissement, elles franchissent les obstacles qui les arrêtaient, et se précipitent avec impétuosité. On appelle ces hauteurs Cataractes. Les plus connues sont celles du Nil.

On nomme Canal un courant d'eau qui coule dans un lit creusé par l'industrie humaine. On nomme Étang une pièce d'eau rassemblée dans un espace de terre où l'on a pratiqué un bassin pour lui servir de réservoir.

Ainsi que la masse des eaux prend divers noms suivant la situation de ses parties et les différentes figures qu'elle décrit sur le globe, la terre partagée en diverses portions par le contour des eaux qui l'embrassent, ou par sa propre configuration, est désignée par des noms qui indiquent cette différence.

On donne le nom d'Isle à toutes les parties du globe qui s'élèvent au-dessus de la surface des eaux dont elles sont environnées.

Un Archipel est une réunion de plusieurs îles.

On appelle Cap, Promontoire, Péninsule, toute partie de terre qui s'avance dans la mer.

Une Péninsule ou presqu'île, est une portion de terre environnée d'eau de tous côtés, excepté en un seul endroit, par lequel elle a communication avec la terre.

Un Cap est une pointe de terre élevée qui s'avance dans la mer : on le distingue du Promontoire, en ce qu'il est le plus élevé.

Un Isthme est une langue de terre qui joint une presqu'île à la terre ferme, ou à d'autres presqu'îles.

La terre ferme comprend quatre grands continents : l'ancien, le nouveau, les terres australes connues ou soupçonnées, et les terres arctiques, dont la configuration est encore bien moins déterminée.

Nous ne connaissons jusqu'ici que deux continents, l'ancien et le nouveau.

On comprend sous le nom d'ancien continent, cette portion du globe que nous habitons, et qui depuis la création a été connue en tout ou en partie. Cet ancien continent n'occupe guère que la septième partie de la surface de la terre. On le divise en trois parties : l'Europe, l'Asie, l'Afrique. Le nouveau continent est une autre grande partie de la terre, séparée de celle que nous habitons par l'Océan. Il fut découvert dans le quinzième siècle par Christophe Colomb, Génois. On lui a donné le nom d'Amérique.

L'Europe est la partie la moins étendue de celles qui composent le nouveau continent, elle peut avoir dans sa surface trois cent cinquante sept mille lieues carrées, chaque lieue de trois mille pas géométriques.

L'Asie est la plus considérable des trois parties de l'ancien continent : elle a quatre fois plus d'étendue que l'Europe. Sa surface comprend environ douze cent vingt mille lieues carrées.

L'Afrique contient au moins deux fois et demi l'étendue de l'Europe ; sa surface est de huit cent soixante-treize mille lieues carrées.

L'étendue de l'Amérique est à-peu-près égale à celle de l'Europe et de l'Asie prises ensemble.

Ces parties de la terre se divisent en grandes et en moyennes régions. Les moyennes régions se subdivisent encore en portions plus petites qu'on appelle pays et contrées.

On distingue les régions en hautes et en basses, suivant leurs différentes situations près de la mer dont elles sont bornées, le cours des rivières qui les traversent, ou les montagnes qu'elles contiennent.

La terre, relativement à la mer qui l'environne, se divise en terres intérieures et en terres maritimes ou côtes.

Les inégalités qui se rencontrent sur la surface de la terre sont désignées par les noms de Montagnes, de Collines et de Plaines. On appelle Montagne toute élévation de terrain portée jusqu'à une hauteur considérable. On donne le nom de Chaîne à la jonction de plusieurs Montagnes contiguës les unes aux autres. La terre renferme dans son sein des amas de matières combustibles ; ces matières s'enflamment et s'ouvrent des passages sur la superficie du globe. Les Montagnes où se rencontrent quelques-unes de ces ouvertures, sont désignées sous le nom de volcan.

Les éminences de terre d'une élévation médiocre s'appellent Collines. Les Côteaux sont des diminutifs des Collines. On appelle Tertres les plus petites éminences.

On nomme Pas, Cols et Gorges, les passages qui séparent les Montagnes.

Les terrains unis, situés au pied des Montagnes, sont appelés Vallées. Les Prairies sont les fonds qui forment ces terrains. Lorsque ces fonds se trouvent situés entre deux Collines dont la pente est douce, on les appelle des Vallons.

On donne le nom de Plaine généralement à tout ter-

rain uni. On appelle Campagne une Plaine d'une très-
grande étendue.

On appelle Désert toute partie de terre stérile et inha-
bitée.

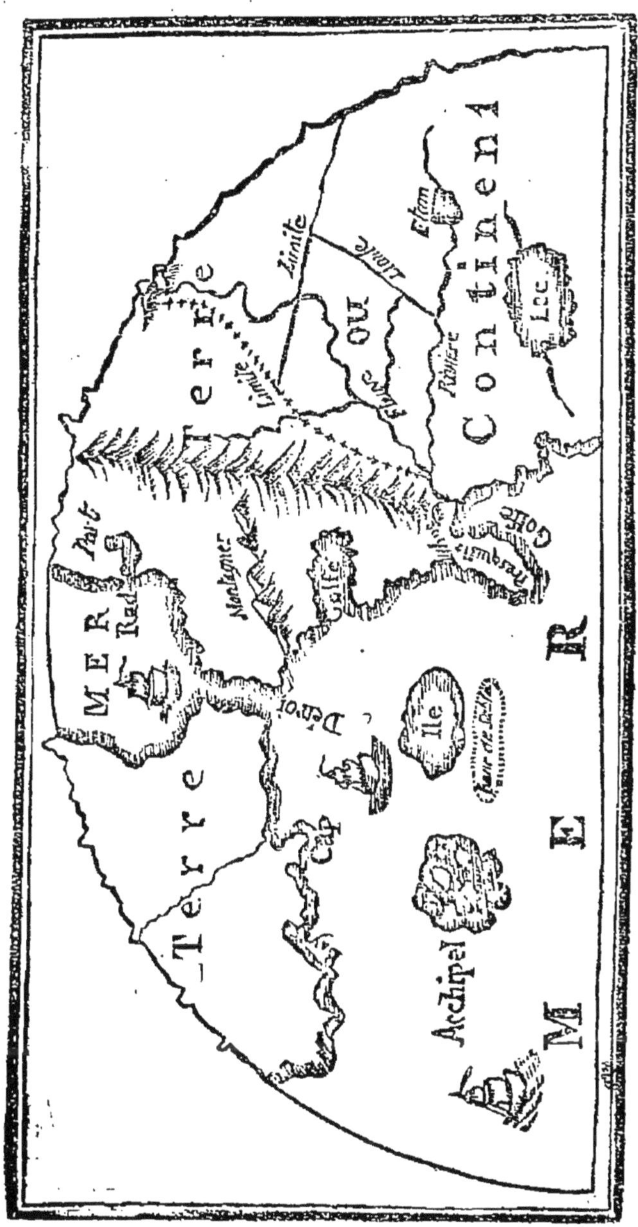

Il se trouve sur les Montagnes et dans les Plaines des terrains entièrement couverts d'arbres : on donne généralement à ces terrains le nom de Bois. Ceux qui sont de la plus vaste étendue, sont désignées sous celui de Forêts.

La plupart de ces objets sont représentés dans la figure ci-derrière.

GÉOGRAPHIE ASTRONOMIQUE.

Ce globe que nous habitons d'une si vaste étendue par rapport à nous, et qui ne forme qu'un petit point dans l'immensité de l'univers dont il fait partie, est suspendu dans les plaines de l'air et soutenu par cette même puissance qui maintient les lois invariables de l'équilibre de tous les corps. Sa figure est sphérique, c'est-à-dire ronde ; nous ne pouvons juger de sa rondeur. Le court espace dans lequel notre vue s'étend, est infiniment borné en comparaison du reste que nous ne voyons pas ; il ne permet à nos faibles yeux d'apercevoir ce qui les frappe, que dans l'apparence d'une figure plane qui s'agrandit de plus en plus à proportion que l'on est plus élevé.

Comme il n'y a aucune position fixe d'où l'on puisse déterminer la situation absolue des différentes parties de la superficie du globe terrestre, on ne peut conséquemment y prendre les dimensions précises qui puissent assigner et régler leurs distances entr'elles. Pour suppléer à ce défaut, on a imaginé dans le ciel divers cercles qui servent à le diviser en parties déterminées, et qui donnent en même temps les positions fixes et nécessaires. On s'est servi de ces mêmes cercles pour partager la terre, en les appliquant aux lieux qui paraissent répondre aux cercles marqués dans le ciel. La détermination de ces cercles et la considération des différents rapports de la terre au ciel forment l'objet de la géographie astronomique.

Pour faciliter cette étude on se sert d'une *Sphère arti-ficielle*, qui est une assemblage de points, de lignes et de cercles imaginaires qui, comme nous le venons de dire, servent à reconnaître la marche des astres dans le ciel et qu'on applique aux différentes divisions de la terre.

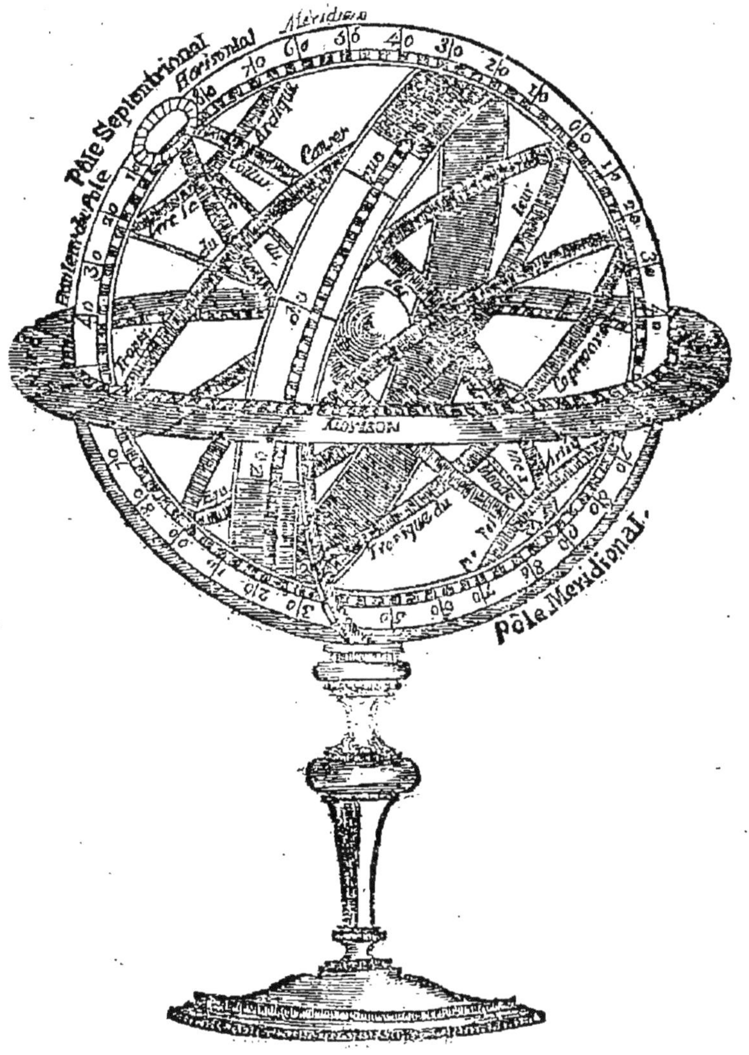

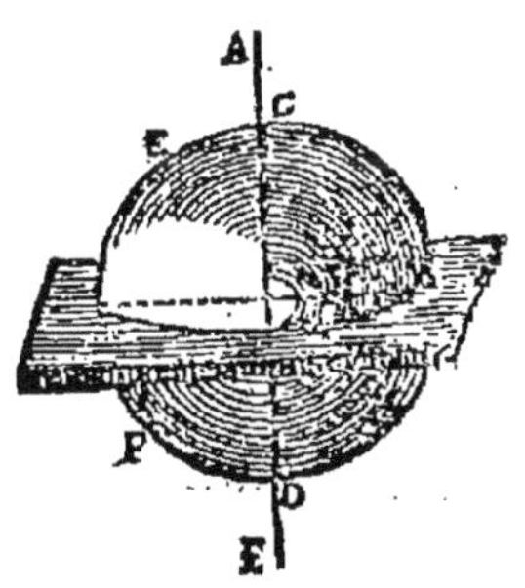

Dans la description de la sphère artificielle ; on appelle *axe* une ligne qui passe par le centre de la sphère et se prolonge de chaque côté, **AB**. On appelle *pôle* ou *pivot* chacun des deux points par lequel l'axe touche la circonférence de la sphère et sur lesquels elle pourrait tourner si l'axe était prolongé par chacune de ces extrémités CD. Si l'on suppose un plan passant par le centre d'un globe ou d'une sphère, entre ses deux pôles, il se divise en deux parties égales appelées *Hémisphères*. EF.

Les principaux cercles de la Sphère artificielle sont l'Equateur, le Méridien, l'Horizon, les Tropiques, les Cercles polaires.

L'Equateur est un cercle qui partage le globe en deux portions égales ; il est éloigné de quatre-vingt-dix degrés des extrémités de la terre ou pôles. (1) On l'appelle Equateur, parce que, quand le Soleil se trouve dans ce cercle, il y a équinoxe par toute la terre, c'est-à-dire, égalité de jour et de nuit.

Les deux Pôles sont désignés par des noms différents : l'un s'appelle le Pôle arctique, nom qui lui a été donné de deux constellations sous lesquelles il se trouve situé, qui sont un assemblage de plusieurs étoiles nommées par les Grecs *Arctos*, expression qui répond à celle d'Ourse en français. L'extrémité de la terre opposée au Pôle arctique, se nomme le Pôle antarctique.

On a dû observer par les définitions précédentes que l'Equateur, autrement appelé ligne Equinoxiale ou simplement ligne, est un cercle que l'on conçoit sur la surface de la terre et qui répond à l'Equateur du ciel : les Pôles, comme nous l'avons dit, sont les deux points qui terminent les extrémités de son axe.

Le temps que l'on nomme midi dans chaque contrée est celui où le soleil, dans le cours de sa révolution journalière, se trouve parvenu sous le Méridien qui traverse cette contrée. Le Méridien est un cercle qui sépare le monde en deux moitiés et que l'on conçoit passer par le Pôle du monde, et par le Pôle de l'horizon, qu'il coupe en deux points diamétralement opposés ; ces deux points se nomment Septentrion et Midi, ou Nord et Sud. La partie du monde qui s'étend depuis l'Equateur jusqu'au Pôle Arctique, se nomme Septentrionale ou Boréale, ou la

---

(1) Chaque cercle se partage en 360 parties égales ; qu'on appelle degrés ; chaque degré a 60 minutes, chaque minute 60 secondes.

partie du Nord; l'autre moitié du globe se nomme Méridionale ou Australe, ou la partie du Sud.

Pour la commodité et l'intelligence des cartes géographiques, on est convenu de partir du premier Méridien d'après lequel on commence à compter les degrés sur l'Equateur. Ce premier Méridien avait d'abord été supposé à l'Ile de Fer, la plus occidentale des Canaries ; mais depuis, les géographes français l'ont fixé à l'Observatoire de Paris ; les Anglais à celui de Grenwich ; et les Hollandais au Pic de Ténériffe.

De quelque point que l'on parte, on commence à compter les degrés en allant vers l'Orient sur la circonférence du globe, jusqu'à ce qu'on soit revenu au point de départ. Il est indifférent de compter en degrés sur l'Equateur ou sur un autre cercle qui lui soit parallèle, et que l'on divise en 360 degrés que l'on appelle de *Longitude*. Les degrés de *Latitude* se comptent sur les méridiens, en allant de l'Equateur à l'un des pôles, et la latitude prend le nom de *Septentrionale* ou *Méridionale*, suivant le pôle vers lequel on s'est dirigé. Le point de rencontre des degrés de longitude avec les degrés de latitude détermine la position des lieux.

L'horizon est le cercle qui sépare la moitié du ciel visible de l'autre moitié qui ne l'est pas. Il sert à marquer le lever et le coucher des astres. Le point de l'horizon auquel le soleil paraît répondre à l'instant de son lever, les jours des équinoxes, est ce qu'on appelle le vrai Orient. Le point du même cercle diamétralement opposé, se nomme l'Occident vrai : ces deux points forment, avec le Septentrion et le Midi, les quatre points cardinaux.

Il y a autant d'horizons qu'il y a de points sur la superficie du globe terrestre ; mais il faut qu'il y ait une certaine distance entr'eux, pour que leur différence soit sensible.

Les Tropiques sont deux cercles inférieurs à l'Equateur, dont ils sont éloignés de 23 degrés 29 minutes. Il y en a deux : celui du Cancer ou de l'Ecrevisse, placé dans la partie septentrionale, et celui du Capricorne, placé dans la partie méridionale.

Les cercles polaires sont des cercles éloignés des pôles du monde, de 23 degrés 29 minutes, ainsi que les Tropiques le sont de l'Equateur.

Les tropiques et les cercles polaires séparent le ciel en cinq bandes ou zones, dont une torride, deux tempérées et deux glaciales. On nomme zone torride ou brûlée, l'espace compris entre les tropiques ; ceux qui renferment les tropiques et les cercles polaires, s'appellent zones tempérées ; les zones glaciales sont comprises entre les cercles polaires et les poles.

On nomme climat un espace de terre compris entre deux cercles parallèles à l'Equateur. Les climats se partagent en climats d'heures et en climats de mois. Un climat d'heure est celui dont le jour est plus long d'une demi-heure en sa fin que dans son commencement. Le climat de mois est celui dont le plus grand jour est plus long d'une heure en sa fin que dans son commencement.

Enfin on met au nombre des cercles de la Sphère, le *Zodiaque*, espèce de bande partagée dans sa largeur par un cercle appelé *Ecliptique*, dont le Soleil ne s'écarte jamais, et dont la circonférence est divisée, comme celle du Zodiaque, en douze portions de 30 degrés, dont chacune renferme un signe en constellation, et correspond à l'un des mois de l'année.

Noms des Signes du Printemps.		*Noms des Signes de l'Eté.*	
Le Bélier.	Mars.	Le Cancer.	Juin.
Le Taureau.	Avril.	Le Lion.	Juillet.
Les Gémeaux.	Mai.	La Vierge.	Août.

Noms des Signes de l'Automne.		*Noms des Signes de l'Hiver.*	
La Balance.	Septembre.	Le Capricorne.	Décembre.
Le Scorpion.	Octobre.	Le Verseau.	Janvier.
Le Sagittaire.	Novembre.	Les Poissons.	Février.

Du Soleil et des Astres.

Le Soleil est un astre fixe, c'est-à-dire, qu'il ne change pas de place. Il est entouré de diverses planètes qui tournent en plus ou moins de temps autour de lui,

On appelle planètes les étoiles qui ont un mouvement ; celles qui sont fixes se nomment simplement étoiles. On compte sept planètes autour du soleil dans l'ordre de leur écartement de cet astre.

Mercure, Vénus, la Terre, Mars, Jupiter, Saturne, Herschel ou Uranus.

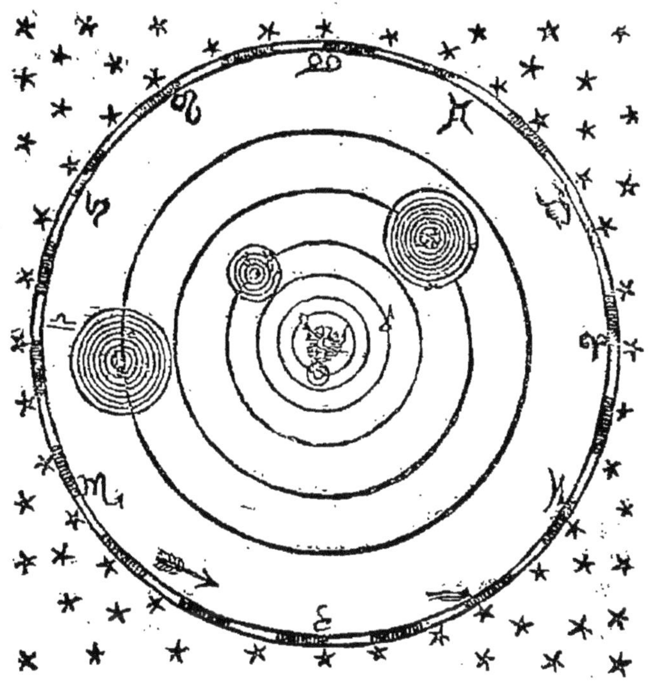

Les étoiles sont placées au-dessus des planètes ; pour les distinguer plus facilement, on les a divisées en croupes ou constellations, dont les unes au nord de l'Equateur s'appellent *septentrionales*, et les autres au midi de l'Equateur s'appellent *méridionales*. Ces constellations sont très nombreuses ; les douze constellations ou signes du Zodiaque, dont nous avons parlé précédemment, étaient très anciennement connues. On compte environ 2000 étoiles à la vue simple.

Des Planètes, des Satellites et de la Terre.

Parmi les planètes, il y en a quatre, la Terre, Jupiter, Saturne et Herschel qui ont des *Satellites*; ce sont comme de petits astres qui sont entraînés par le mouvement de leur planète. (Voyez la fig. précédente où ils sont indiqués par de petits points blancs placés sur des cercles qui marquent leur révolution autour de leur planète).

La terre est ronde. Cette vérité est démontrée par les faits suivants : 1° si l'on est sur le bord de la mer, sa sphéricité s'aperçoit à l'œil; 2° si un vaisseau quitte le rivage, le corps du bâtiment disparaît le premier, puis la partie inférieure des mâts.

3° Les voyageurs qui ont fait le tour du monde sont revenus par un point opposé.

La terre a deux mouvements. D'abord, toutes les 24 heures elle tourne sur son axe, comme une boule qui tourne sans changer de place. L'autre mouvement qu'elle exécute en 365 jours 6 heures, c'est ce qui forme l'année progressive. Elle avance ainsi comme la roue d'un char qui est en mouvement, ce qui est représenté dans cette figure.

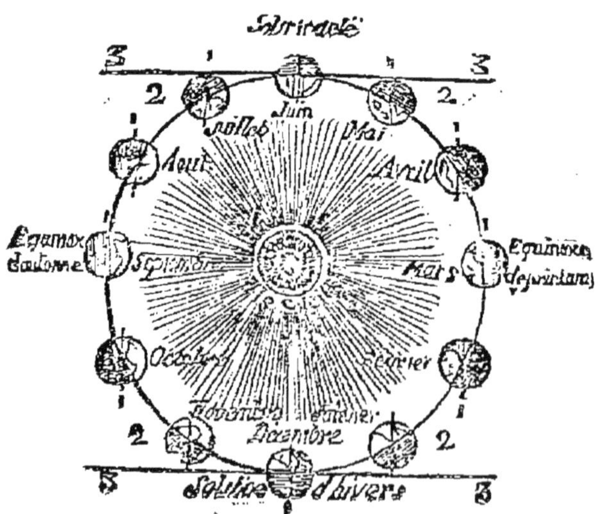

Du mouvement journalier de la terre résulte les jours et les nuits. *Fig. précéd.*, qui indique aussi le temps des *Equinoxes*, dont nous avons parlé à l'article *Equateur*. En juin et en décembre la terre paraît ralentir son mouvement pendant plusieurs jours, ce qu'on reconnaît par le soleil qui ne monte ou ne descend pas sensiblement : on a nommé ces jours *Solstices*, qui veut dire station. *Même fig.*

Le contraste des saisons dans les deux hémisphères boréal et austral * a fait donner aux peuples qui les habitent des noms particuliers. On appelle *Périsciens* ceux qui habitent les zones froides ; *Hétérosciens*, ceux qui habitent les zones tempérées ; *Amphisciens*, ceux qui habitent la zone torride ; *Asciens*, qui veut dire sans ombre, indique les zones torrides qui, se trouvant quelque temps le soleil perpendiculairement sur leurs têtes, sont alors sans ombre ; les *Antisciens* habitent de différents côtés de l'Equateur ; leurs ombres ont à midi des directions contraires.

On donne en général le nom d'Antipodes aux peuples qui ont les pieds opposés les uns aux autres. On ne peut pas dire que les peuples qui sont nos antipodes, par exemple, soient sous terre; car la terre est un globe, et un globe n'a par lui-même ni dessus ni dessous. Ils n'ont pas la tête en bas; car avoir la tête en bas, c'est l'avoir plus proche de la terre que les pieds : on ne peut craindre qu'ils tombent, puisque tomber c'est s'approcher de la terre. Les peuples antipodes ont les jours, les mois, les heures, les saisons absolument opposées aux nôtres. Quand nous avons le matin, ils ont le soir ; quand nous avons l'été, ils ont l'hiver, ainsi de suite.

De la Lune.

La Lune est le *Satellite* de la terre, parce qu'elle tourne autour d'elle en l'accompagnant dans sa révolution

---

* Voir la page 164.

10

autour du soleil et en tournant aussi sur elle-même. Sa révolution autour de la terre s'exécute en 27 jours 43 minutes; il résulte de la combinaison de ces trois mouvements, que malgré que la lune ait toujours une moitié de son hémisphère éclairée par les rayons du soleil, il faut, pour que nous puissions l'apercevoir, qu'elle présente de notre côté une plus ou moins grande partie de cette portion eclairée, et c'est ainsi en effet que apercevons la pleine Lune, son premier et second quartier.

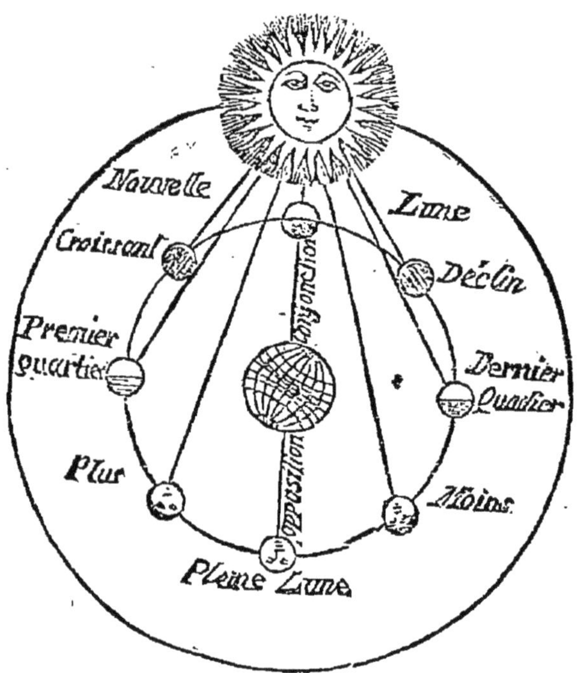

La Lune tournant autour de la Terre, il arrive nécessairement que lorsqu'elle se trouve entre la Terre et le soleil, ce qu'on appelle *Conjonction*, elle devrait nous cacher plus ou moins cet astre et produire ainsi une éclipse de Soleil, et que lorsque la Terre se trouve entre le Soleil et la Lune, ce qu'on appelle *Opposition*, elle devrait couvrir la Lune de son ombre et produire ainsi une éclipse de Lune. Cela arrive aussi fort souvent : mais comme l'orbite que la Lune décrit autour de la Terre n'est pas dans le même plan que celui que la Terre décrit autour

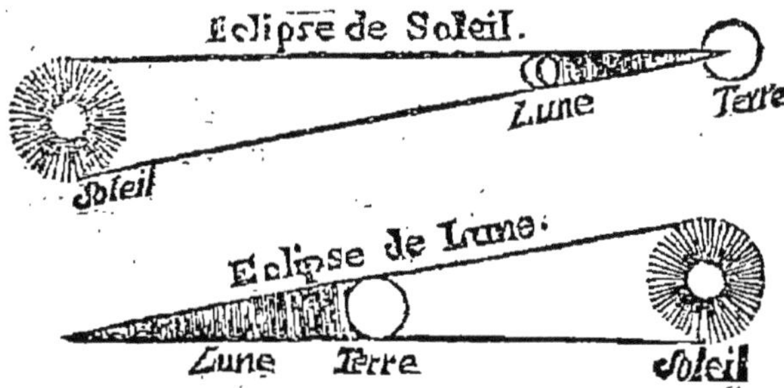

du Soleil, la Lune, dans ses *Sizigies* (c'est le nom commun que l'on donne à la conjonction et à l'opposition) se trouvant fréquemment un peu au-dessus ou au-dessous de l'ombre du Soleil ou de la Terre, alors il n'y a point d'éclipse. Comme cependant ces deux orbites se rencontrent à chaque révolution dans deux points que l'on appelle *nœuds*, toutes les fois que la conjonction ou l'opposition ont lieu dans le voisinage de ces nœuds, il y a éclipse. C'est par cette raison que l'orbite de la Terre a reçu le nom d'Ecliptique.

Des Cartes géographiques.

Une carte, en géographie, est une figure plane qui représente la surface de toute la terre ou seulement quelques unes de ses parties, telles qu'elles paraîtraient à l'œil à une certaine distance.

On distingue deux espèces principales de cartes géographiques, savoir les mappemondes, ou cartes générales de la terre, et les cartes qui servent à représenter des portions plus ou moins grandes de sa surface.

Les cartes géographiques qui ne représentent que des portions de surfaces terrestres, telles que l'une des quatre parties du monde, un ou plusieurs états, une ou plusieurs îles, etc. doivent être considérées comme des copies en grand de surfaces qu'on aurait calquées partiellement sur un globe, et auxquelles, en n'altérant pas cependant l'ensemble de leur configuration, on aurait ajouté des détails que les dimensions d'un globe portatif ne permettent pas d'y représenter. Lorsqu'elles ont une grande superficie,

relativement au peu d'étendue des pays qu'elles com-
prennent, on y trouve non-seulement les fleuves, les villes, les montagnes, etc. mais même les ruisseaux, les vil-
lages, les collines et tous les autres détails que la nature
et la main de l'homme peuvent y avoir multipliés.

Le bord supérieur d'une carte bien orientée est toujours le côté du Nord, et par conséquent le bord inférieur
est celui du Sud; l'Est est à droite, et l'Ouest à gauche
de la personne qui la regarde : ainsi les lieux situés au bas
d'une carte bien orientée, sont toujours plus méridionaux
que ceux qui leur sont supérieurs, et ceux-ci plus septen-
trionaux que ceux-là; ce qui est à droite est à l'Orient de
ce qui est à gauche, et ce qui est à gauche à l'Occident de
ce qui est à droite.

On trouve quelquefois sur les cartes géographiques une
Rose des vents pour indiquer la position des quatre points
cardinaux, qu'il est indispensable de savoir reconnaître;
c'est ce qu'on appelle savoir s'orienter. Dans le jour, à
midi, un homme tourné du côté de son ombre regarde le
Nord; l'Est est à sa droite, l'Ouest à sa gauche et le Sud
derrière lui.

La division de l'horison ne se
réduit pas aux quatre points cardinaux. On en compte 32 tous également éloignés les uns des autres:
les plus remarquables après les
quatre points cardinaux, sont le
Sud-Est, le Sud-Ouest, le Nord-
Est et le Nord-Ouest.

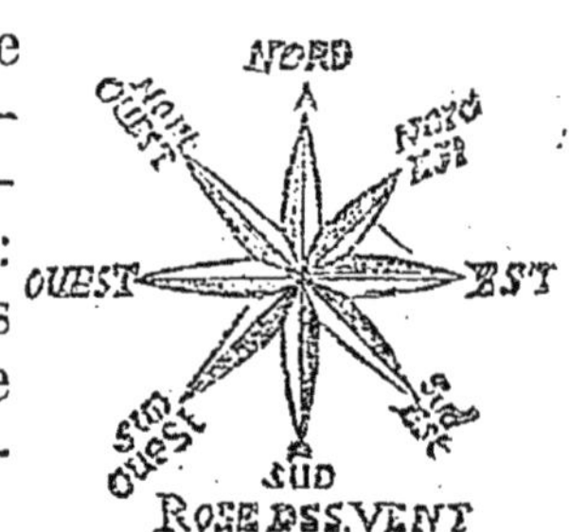

GÉOGRAPHIE HISTORIQUE.

La Géographie historique est la description des lieux
où se sont passés les événements rapportés par l'Histoire :
elle en indique la situation : elle marque les distances qui
les séparent, elle se divise en Géographie politique, Géographie sacrée, et Géographie ecclésiastique.

Géographie politique.

La Géographie politique est la description des parties de la terre, distinguée par différentes limites que l'ancienne possession, les conquêtes ou les traités de paix ont assignés aux différentes nations qui les habitent. Les diverses formes de gouvernements donnent des noms différents aux parties de la terre que décrit la Géographie politique.

On nomme empire un état gouverné par un Prince qui porte le titre d'Empereur; Royaume, celui qui est sous la domination d'un Roi; République, celui qui est gouverné par l'autorité de plusieurs; République aristocratique, celle qui est régie par un certain nombre de nobles choisis ; République démocratique, celle où la puissance souveraine est exercée par le peuple.

Toute souveraineté est élective ou héréditaire. On appelle un Etat électif, celui où tout le peuple, ou seulement les grands, choisissent le Souverain. Un Etat héréditaire est celui où la puissance souveraine est confiée aux rejetons d'une seule famille, qui se succèdent par droits d'hérédité, sans avoir besoin du consentement ou de la confirmation des sujets, qui sont dans l'obligation légitime de reconnaître son autorité.

On donne généralement le nom de Puissance à toute Domination, Empire, Royaume ou République.

Les pays dépendants de chaque Etat, se subdivisent en Provinces et Gouvernements commandés par un chef qui tient son pouvoir du Souverain.

On donne le nom de Frontières à toutes les extrémités des Etats, et celui de Limites à toutes les extrémités des Provinces contenues dans ces Etats. Les Provinces limitrophes sont celles qui ont des limites communes.

On distingue le genre humain en diverses sortes de Peuples, dont la manière de vivre caractérise la différence.

On nomme peuples policés et civilisés, les Nations qui vivent sous un gouvernement, quel qu'il soit, et qui observent des lois qu'elles ont adoptées ou qu'elles se sont prescrites. On appelle Barbares ou Sauvages, les Nations qui n'ont aucune forme de gouvernement. On appelle peuples errants et vagabonds, les Nations qui n'ont aucune demeure fixe, et qui parcourent en corps certaines parties de la terre, telles que les Tartares asiatiques et les Sauvages de l'Amérique. On nomme Peuples dispersés ceux qui, n'ayant aucune contrée qui leur soit affectée, sont répandus dans les différentes parties de la terre, et composent cependant une Nation distincte des peuples parmi lesquels ils vivent : tels sont en Asie les Guèbres ou les anciens Perses, adorateurs du feu, et surtout les Juifs, qui formeraient aujourd'hui une nation très-nombreuse, s'ils étaient rassemblés de toutes les différentes parties de la terre qu'ils habitent.

Géographie sacrée.

La Géographie sacrée est la partie de cette science qui se borne à la description des différentes régions de la terre qui peuvent avoir quelque rapport à l'histoire sacrée des Juifs et des Chrétiens.

Géographie ecclésiastique.

La Géographie ecclésiastique est la description du monde chrétien, partagé en différentes juridictions ecclésiastiques, telles que sont les Patriarchats, les Diocèses, Archidiaconats, etc. Cette division n'a lieu que dans la géographie moderne.

La Géographie considérée comme description du globe, se distingue suivant le temps où l'on suppose que cette description a été faite. On assigne trois âges à la Géographie. Le premier âge est celui de la Géographie ancienne; la Géographie moderne a servi d'éclaircissement aux précédentes.

La Géographie ancienne est la description de la terre, telle que l'ont connue les hommes depuis le moment de la création, jusqu'à la décadence de l'Empire romain.

La Géographie du moyen âge est la description actuelle de la terre, tracée depuis la décadence de l'Empire, jusqu'au renouvellement des lettres.

La Géographie moderne est la description actuelle de la terre, depuis le renouvellement des lettres jusqu'à présent.

LES MAXIMES

DE L'HONNÊTE HOMME

ou de la Sagesse.

CRAIGNEZ un Dieu vengeur et tout ce qui le blesse :
C'est-là le premier pas qui mène à la sagesse.

Ne plaisantez jamais ni de Dieu, ni des Saints :
Laissez ce vil plaisir aux jeunes libertins.

Que votre piété soit sincère et solide,
Et qu'à tous vos discours la vérité préside.

Tenez votre parole inviolablement ;
Mais ne la donnez pas inconsidérément.

Soyez officieux, complaisant, doux, affable,
Poli, d'humeur égale, et vous serez aimable.

Du pauvre qui vous doit n'augmentez point les maux.
Payez à l'ouvrier le prix de ses travaux.

Bon père, bon époux, bon maître sans faiblesse ;
Honorez vos parents, surtout dans leur vieillesse.

Du bien qu'on vous a fait soyez reconnaissant.
Montrez-vous généreux, humain et bienfaisant.

Donnez de bonne grâce : une belle manière
Ajoute un nouveau prix au présent qu'on veut faire.

Rappelez rarement un service rendu :
Un bienfait qu'on reproche est un bienfait perdu.

Ne publiez jamais les grâces que vous faites ;
Il faut les mettre au-rang des affaires secrètes.

Prêtez avec plaisir, mais avec jugement.
S'il faut récompenser, faites-le dignement.

Au bonheur du prochain ne portez pas envie.
N'allez pas divulguer ce que l'on vous confie.

Sans être familier ayez un air aisé.
Ne décidez de rien qu'après l'avoir pesé.

A la Religion soyez toujours fidèle ;
On ne sera jamais honnête homme sans elle.

Aimez le doux plaisir de faire des heureux ;
Et surtout soulagez le pauvre vertueux.

Soyez homme d'honneur, et ne trompez personne.
A tous ses ennemis un cœur noble pardonne.

Aimez à vous venger par beaucoup de bienfaits.
Parlez peu, pensez bien et gardez vos secrets.

Ne vous informez pas des affaires des autres :
Sans air mystérieux dissimulez les vôtres.

N'ayez point de fierté. Ne vous louez jamais.
Soyez humble et modeste au milieu des succès.

Surmontez les chagrins où l'esprit s'abandonne.
Ne faites rejaillir vos peines sur personne.

Supportez les humeurs et les défauts d'autrui.
Soyez des malheureux le plus solide appui.

Reprenez sans aigreur ; louez sans flatterie ;
Ne méprisez personne ; entendez raillerie.

Fuyez les libertins, les fats et les pédants ;
Choisissez vos amis ; voyez d'honnêtes gens.

Jamais ne parlez mal des personnes absentes.
Badinez prudemment les personnes présentes.

Consultez volontiers, Evitez les procès.
Où la discorde règne apportez-y la paix.

Avec les inconnus usez de défiance ;
Avec vos amis même ayez de la prudence.

Point de folles amours, ni de vin, ni de jeux :
Ce sont-là trois écueils en naufrages fameux.

Sobre pour le travail, le sommeil et la table,
Vous aurez l'esprit libre et la santé durable.

Jouez pour le plaisir, et perdez noblement.
Sans prodigalité dépensez prudemment.

Ne perdez point le temps à des choses frivoles.
Le sage est ménager du temps et des paroles.

Sachez à vos devoirs immoler les plaisirs ,
Et pour vous rendre heureux modérez vos désirs.

Ne demandez à Dieu ni grandeur ni richesse ;
Mais pour vous gouverner demandez la sagesse.

FIN.